Martina und Michael Gutmann

Westaustralien mit Baby und Campervan

Martina und Michael Gutmann

Westaustralien mit Baby und Campervan

Erfahrungen und Empfehlungen für die Strecke Perth bis Darwin

IMPRESSUM

Bibliografische Information der Deutschen Nationalbibliothek:

Die Deutsche Nationalbibliothek verzeichnet diese Publikation in der Deutschen Nationalbibliografie; detaillierte bibliografische Daten sind im Internet über http://dnb.dnb.de abrufbar.

© 2012 Martina und Michael Gutmann

abenteuerelternzeit@gmx.de

Herstellung und Verlag:

BoD – Books on Demand, Norderstedt

ISBN: 978-3-84822-835-5

Inhaltsverzeichnis

Elternzeit ist Reisezeit! Auch wenn es uns bei all der Vorfreude auf das erste Baby nicht als allererstes in den Sinn gekommen ist – denn schon die normalen Vorbereitungen auf die Ankunft des Babys beanspruchen viel Aufmerksamkeit – so sollte dies irgendwann unser Motto werden. Schon während der Schwangerschaft haben wir diesem Gedanken ein wenig Zeit gewidmet und überlegt, ob wir ihn nicht einfach in die Tat umsetzen möchten. Es gibt wahrscheinlich keine Zeit im Leben als Familie, die sich besser zum Reisen eignen würde, als die Elternzeit. Wann sonst kann man noch einmal so viel Zeit ungestört miteinander verbringen? Schnell war uns dann klar, dass wir uns die Elternzeit teilen werden – jeder macht nacheinander ein Jahr und etwa in der Mitte haben wir zwei gemeinsame Monate. So konnten wir unseren Traum, Australien zum zweiten Mal zu bereisen, verwirklichen.

Wie so viele junge Menschen hatten wir uns mit Mitte 20 während der Semesterferien auf unsere erste große Auslandsreise begeben. Wir mieteten für 10 Wochen einen Campervan und fuhren von Brisbane über Cairns, Darwin, Alice Springs, Adelaide, Melbourne bis nach Sydney: Im Ganzen über 15.000 Kilometer! Die Eindrücke dieser Reise haben uns über Jahre begleitet und geprägt – aber auch die schönsten Erinnerungen verblassen leider irgendwann. Doch dann, im Sommer 2012, sieben Jahre nach unserer ersten Reise, war es endlich wieder so weit: Wir flogen nach Australien!

Mit diesem Buch wollen wir andere Eltern ermuntern, selbst solch eine Reise mit Baby in Angriff zu nehmen. Insbesondere wer selbst noch nicht viel gereist ist oder im familiären Umfeld gesagt bekommt, dass man so etwas „dem armen Kind doch nicht antun kann", soll sich nicht entmutigen lassen. Wir sind der festen Überzeugung, dass es für eine Familie nichts Besseres gibt, als wenn Mama, Papa und Kind gemeinsam, fernab von Stress und moderner Technik, ein paar entspannte Monate zusammen verbringen können. Für dieses Abenteuer soll unser Buch Interesse wecken und die nötigen Informationen und Anregungen liefern, denn nicht immer hat ein Elternteil, wie in unserem Fall, monatelang Zeit und Muße, alle Informationen in mühevoller Recherchearbeit auf Homepages und in Internetforen zusammenzutragen.

Wenn man mit einem Baby zum ersten Mal auf Reisen geht, will man natürlich nichts falsch machen oder vergessen. In der klassischen Reiseliteratur findet man zum Thema Reisen mit Kind allerdings oft nur kurze, allgemein gehaltene Abschnitte – zum Thema Reisen mit Baby erhält man noch weniger und zum Teil auch falsche Informationen. Dabei interessiert man sich doch brennend dafür, welche Route mit Baby in welcher Zeit überhaupt machbar und sinnvoll ist. Welches Budget muss man einplanen? Braucht man ein Reisebett und wie muss man sich die Babybetten im Flugzeug vorstellen? Macht es Sinn, die eigene Babyschale mit nach Australien zu nehmen? Fragen wie diese versuchen wir in unserem Buch zu beantworten. Was wir in diesem Buch nicht bieten können und wollen, sind Informationen, die man in jedem normalen Australien-Reiseführer nachlesen kann: Geschichtliches, Hintergrundinfos zu Städten, Touranbieter, Übernachtungsmöglichkeiten, etc. Ein guter aktueller Australien-Reiseführer sollte daher auch bei dieser Reise nicht fehlen.

Nicht zuletzt wollen wir aber auch etwas unterhalten und haben daher unsere Blogeinträge der Reise im Buch untergebracht. Vielleicht kann das dem einen oder anderen eine Vorstellung davon geben, wie solch eine Reise in der Praxis aussehen kann. Wir wünschen den Lesern viel Spaß und freuen uns über Kommentare, Neuigkeiten und Anregungen auf unserem Blog www.abenteuerelternzeit.wordpress.com.

Michael und Martina Gutmann

Reisezeit

Es ist kein Geheimnis, dass man Westaustralien in den Monaten April/Mai bis Oktober/November bereisen sollte – während der Trockenzeit bzw. im australischen Winter. Sonst drohen sintflutartige Regenfälle, unerträgliche Hitze, gesperrte Nationalparks und unpassierbare Straßen. Wir haben zwar mit Australiern geredet, die auch in dieser extremen Jahreszeit (mit Familie) das Land bereisen, sie sind dann aber natürlich entsprechend ausgerüstet und können dank monatelanger Reisedauer flexibel auf das Wetter reagieren. Bei einer Reise mit Baby und Campervan würden wir ganz klar den australischen Winter bevorzugen. Die Tagestemperaturen sind dann meist mit 20-25 °C angenehm warm, im Norden können aber auch in der Trockenzeit die 30 °C überschritten werden. Die Nachttemperaturen schwanken dagegen stark und von 5 bis 25 °C ist alles möglich. Hier gilt es, sich für alle Temperaturen auszurüsten und insbesondere für das Kind warme Kleidung und zwei mitteldicke Schlafsäcke mitzunehmen, die gegebenenfalls übereinander angezogen werden können. Sollte man sich dennoch entscheiden, Westaustralien während der Regenzeit zu bereisen, sollte man auf alle Fälle ein Allradfahrzeug (4WD) mieten und mehr Zeit als Puffer einplanen.

Ein Aspekt, der leider in keinem unserer Reiseführer zur Sprache kam, sollte bei der Wahl der Reisezeit ebenfalls berücksichtigt werden: Das Reiseverhalten der „grey nomads". Als graue Nomaden werden in Australien die Senioren bezeichnet, die, sobald es in den südlichen Staaten zu kalt wird, mit ihrem Wohnwagen in Scharen Richtung Norden ziehen, um dort für mehrere Monate zu überwintern. Die älteren Herrschaften waren bei unserer Reise zwar immer sehr nett, allerdings wünscht man sich als junge Familie schon, ab und zu Gleichgesinnte mit Kindern zu treffen – diese waren allerdings eher Mangelware und wenn, dann kamen sie meist aus dem europäischen Ausland. Das eigentliche Problem ist jedoch, dass sich die Massen an grey nomads oft für Monate auf den Campingplätzen einmieten, bzw. die kostenlosen Campingplätze schon ab den frühen Morgenstunden belegen, was die Auswahl und Verfügbarkeit der schönsten Plätze reduziert und die Preise anziehen lässt. Spätestens wenn dann noch die australischen Schulferien hinzukommen, kann man nicht mehr ganz spontan reisen, sodass man doch hin und wieder einen Platz vorbuchen sollte.

Wir haben unsere Erfahrungen mit den grey nomads in den Monaten Juni und Juli auf der Strecke Perth – Broome gemacht. Die Empfehlung, dass man entweder schon Ende April/Anfang Mai losfährt oder erst im August startet, liegt zwar nahe, jedoch hängt das Reiseverhalten der Australier primär vom Wetter im Süden ab – und der Einbruch der „großen Kälte" kann in jedem Jahr natürlich etwas variieren. Insgesamt wird die Menge an grey nomads voraussichtlich in den kommenden Jahren eher größer als kleiner, da auch in Australien gerade die geburtenstarken Jahrgänge in Rente gehen und Australien auch bei den Australiern selbst ein immer beliebteres Reiseziel wird. Bei der Wahl eines frühen Reisezeitpunkts gilt es außerdem zu bedenken, dass die Stinger-Saison (giftige Quallen) oft erst Anfang Juni endet. Wer schon im Mai ins Meer möchte, sollte an einen Neoprenanzug denken.

Elternzeit einreichen

Falls die Fernreise keine Spontanidee ist, sondern einem großen Masterplan folgt, kann man(n) nach Auswahl der Reisezeit nun die Elternzeit einreichen. Uns hat überrascht, wie viele Menschen keine oder falsche Vorstellungen von den Möglichkeiten haben, die man heutzutage mit der Elternzeit und dem Elterngeld hat. Daher möchten wir an dieser Stelle gerne noch einmal die wichtigsten Informationen zusammenstellen.

Elternzeit bezeichnet die Zeit, die man als Mutter oder Vater nach der Geburt eines Kindes in Anspruch nehmen darf und in der der eigene Arbeitsplatz gesichert bleibt. Elternzeit kann man bis zum dritten Geburtstag des Kindes nehmen (auch drei Jahre am Stück und beide Elternteile gleichzeitig). Nach Ablauf der Elternzeit muss der Arbeitgeber einen gleichwertigen Arbeitsplatz zur Verfügung stellen.

Elterngeld bezeichnet die finanzielle Unterstützung, die der Staat (nicht der Arbeitgeber) den Eltern in Elternzeit gewährt. Beide Elternteile können zusammen maximal 14 Monate lang Elterngeld beziehen. Sehr häufig bezieht die Frau 12 Monate Elterngeld, während der Mann die restlichen zwei „Partnermonate" in Anspruch nimmt. Allerdings sind auch andere Aufteilungen möglich und man darf die Monate auch gleichzeitig in Anspruch nehmen. Die Höhe des Elterngeldes richtet sich nach dem Verdienst vor der Geburt des Kindes, bzw. man erhält ein Minimum von 300 €. Für aktuelle Informationen sollte man noch einmal auf www.bmfsfj.de/Elterngeldrechner und www.bmfsfj.de/BMFSFJ/Service/themen-lotse,did=76746. html schauen. Bei der Planung sollte auch bedacht werden, dass Elterngeld für Lebensmonate ausgezahlt wird und nicht für Kalendermonate.

Wenn man es sich folglich so einrichtet, dass die Elternzeit bei beiden Partnern überlappt, kann eine mehrmonatige Fernreise in Angriff genommen werden. Um Elterngeld zu beziehen, muss man nicht (wie manche fälschlicherweise denken) zu Hause bleiben, verreisen ist offiziell erlaubt – nur der Wohnsitz sollte nicht ins Ausland verlegt werden...

Generell gilt, dass der Arbeitgeber spätestens 7 Wochen vor Beginn der Elternzeit über diese informiert werden muss. Solch ein „Antrag" könnte zum Beispiel folgenden Wortlaut haben:

„Hiermit beantrage ich zur Betreuung und Erziehung meines Kindes Sophia, geb. 02.01.2012, Elternzeit für den Zeitraum vom 02.01.2013 bis 01.03.2013. Ich bestätige, dass mein Kind mit mir in einem Haushalt lebt und von mir selbst betreut und erzogen wird. Bitte lassen Sie mir eine schriftliche Bestätigung zukommen."

Beim Vater besteht ein gesetzlicher Kündigungsschutz, der 8 Wochen vor Beginn der Elternzeit in Kraft tritt. Wer also lieber auf Nummer sicher geht, dem bleibt genau eine Woche (zwischen der 8. und der 7. Woche), um den Antrag beim Arbeitgeber einzureichen. Wer den Antrag vorher schon einreicht, bei dem greift der Kündigungsschutz noch nicht.

Falls man eine betriebliche Altersvorsorge (bAV) betreibt und plant, länger in Elternzeit zu gehen, macht es eventuell Sinn, die bAV auszusetzen. Bei vielen Anbietern ist es möglich, die bAV während der Elternzeit beitragsfrei ruhen zu lassen.

Bei seiner Krankenkasse sollte man sich noch erkundigen, ob man während der Elternzeit beitragsfrei weiterversichert ist und schlussendlich darf man natürlich nicht vergessen, das Elterngeld zu beantragen.

Um eine erste grobe Kostenübersicht zu erhalten, kann man mit folgenden Posten rechnen (Stand Juli 2012):

Kostenpunkt	Überschlags-rechnung	Anmerkungen
Flugkosten	1000-1300 EUR x Anzahl Erwachsene 300-800 EUR x Anzahl Kinder	Kinder zahlen je nach Alter und Airline nur 10% des Preises + Steuern und Gebühren (ohne Sitzplatzanspruch).
Campermiete	ab 70 AUD/ Reisetag	Ohne Zusatzversicherung
Hotelkosten	ab 100 AUD/ Nacht	
Übernachtungen auf Campingplätzen	20-50 AUD/ Nacht	Man kann problemlos einige Nächte kostenlos frei campen, oft geht dies jedoch nicht, da ausdrücklich verboten.
Benzin	ca. 220 AUD/ 1000 km	Benzinpreise 1,50-2,00 AUD/Liter; auf der Strecke Perth-Darwin kann man schnell mehr als 9000 km zurücklegen.
Essen und Trinken	ab 22 AUD p.P. und Tag	inkl. gelegentlichem Essen gehen
Geführte Touren/ Ausflüge/ Eintrittsgelder	ab 120 AUD/ Person (Halbtagesausflug)	Geführte Touren sind relativ teuer; eine der teuersten Tagestouren ist die Walhaitour in Exmouth/Coral Bay (Mai-Juli) für ca. 390 AUD p.P.

Beispielrechnung (2 Erwachsene, 1 Baby, 2 Monate Zeit, Strecke Perth-Darwin, kostenbewusst kalkuliert)		
	EUR	**AUD**
Flugkosten	2500 EUR	
Campermiete		3920 AUD (56 Tage Camper, 70 AUD/Tag)
Hotelkosten		700 AUD (4 Nächte Perth, 2 Nächte Darwin)
Übernachtungen auf Campingplätzen		1000 AUD (40 Nächte auf Campingplätzen)
Benzin		2000 AUD (bei ca. 9000 km)
Essen und Trinken		4000 AUD
Geführte Touren/ Ausflüge/ Eintrittsgelder		1000 AUD
Summe	2500 EUR	12620 AUD
	Gesamt: 2500 EUR + 12620 AUD = **12207 EUR** (beim aktuellen Umrechnungskurs von 1 EUR : 1,3 AUD)	

Die in der Beispielrechnung genannten Kosten sind leicht gerundet und nach oben gibt es auf der Ausgabenseite keine Grenzen. Eine große Rolle spielt auch der aktuelle Umrechnungskurs – dieser hat in den letzten Jahren ziemlich geschwankt und man hat für einen Euro zwischen 1,2 und 2,0 AUD bekommen. Für den Fall, dass der australische Dollar kurz vor oder während der Reise nachgeben sollte, sollte auf alle Fälle noch 10-20% der geplanten Reisekosten als Puffer für den Notfall zurücklegt werden. Was man außerdem bedenken sollte, sind mögliche Ausgaben für Windschutzscheiben- oder

Reifenschäden, sofern man keine Zusatzversicherung abgeschlossen hat, die diese Schäden deckt; meistens ist diese Versicherung für einen so langen Zeitraum allerdings teurer als der zu erwartende mögliche Schaden und daher weniger sinnvoll.

Was im Vergleich zu Deutschland recht teuer ist, ist das Essen (Lebensmittel zum Kochen, Essen gehen sowieso) und die Hotelunterkünfte. In Westaustralien gibt es keinen Aldi, sodass man bei Lebensmitteln auf die teureren Ketten Woolworth, Coles oder IGA angewiesen ist. Etwas sparen kann man, indem man selbst viel kocht, evtl. auch, indem man kürzer im Hotel bleibt und stattdessen den Camper länger mietet.

Für Kinder unter 2 Jahren fallen normalerweise weder Eintrittskosten noch Übernachtungskosten an. Die Tarife für Kinder über 2 Jahren sind sehr verschieden und reichen je nach Anbieter von kostenlos über Kinderpreis bis zu vollem Erwachsenenpreis.

Flug buchen

Ein frühzeitiges Buchen des Fluges empfiehlt sich, um sich einen der Familienplätze mit Babybett sichern zu können. Bei unserem Flug nach Perth war das etwa 6 Monate vor Reisebeginn möglich. Für den Rückflug von Darwin nach Singapur konnten wir zu diesem Zeitpunkt noch keine Platzreservierung vornehmen, da es sich um einen Code-Share-Flight mit Jetstar handelte. Wie sich im Nachhinein herausstellte, gab es sowieso keine Familienplätze in der Jetstar-Maschine.

Die Babybetten sind an der Zwischenwand vor der jeweils ersten Reihe eines Abteils angebracht und können bei Bedarf heruntergeklappt werden. Die erlaubte Gewichtsgrenze bei Quantas von etwa 11 Kilo sollte bei den meisten Kindern bis 1 Jahr kein Problem sein. Enger wird es da schon mit der Länge des Betts: Bei unserer Kleinen schauten die Füße unten ein wenig heraus. Auf den eigenen Fernseher muss Papi übrigens nicht verzichten, der lässt sich seitlich hochklappen.

Was die Wahl der Airline angeht, so ist man durch den Gabelflug momentan auf Qantas beschränkt, da nur diese Airline die beiden Städte von Deutschland aus mit einer annehmbaren Verbindung bedient. Von Verbindungen mit mehr als einmal Umsteigen würden wir mit Rücksicht auf das Baby und uns selbst abraten, da sie einfach zu anstrengend sind.

Visa beantragen

Die Visa für die ganze Familie kann man im Normalfall unkompliziert und kostenlos im Internet (unter www.eta.immi.gov.au/ → dann Link zu „eVisitor" folgen) beantragen, man braucht lediglich eine gültige E-Mailadresse, den Reisepass (den man auf der Reise verwenden wird – falls zum Zeitpunkt des Reiseantritts nicht mehr min. 6 Monate gültig, unbedingt rechtzeitig den neuen beantragen!) und die Flugdaten jedes Familienmitglieds. Man kann die Visa gewöhnlich auch kostenlos vom Reisebüro beantragen lassen. Wer die Visa selbst beantragt, kann diese normalerweise innerhalb weniger Stunden nach Beantragung in seinem E-Mail-Postfach finden.

Camper buchen

Zu Beginn unserer Campersuche haben wir mit einem auf Australienreisen spezialisierten Anbieter Kontakt aufgenommen und um Angebote für eine Fahrzeugmiete mit Baby gebeten. Wichtig war uns dabei, dass unser Kind in der Nähe der Fahrerkabine sitzen kann und dass wir nicht räumlich von ihm getrennt sind. Die angebotenen Fahrzeuge waren uns aber alle zu groß oder zu teuer. Parallel zu unserer Anfrage haben wir selbst im Netz recherchiert und sind dabei auf den 2+2 Pop Top Camper von KEA gestoßen. Dieser Camper schien perfekt für uns zu sein, doch leider hat KEA den Van Mitte 2011 aus der Flotte genommen und auch bei anderen Vermietern konnten wir ihn nicht finden. Da dann auch die zweite Rückmeldung vom Australienspezialisten nicht ganz unsere Anforderungen traf, haben wir auf eigene Faust bei Boomerang Campers (www.boomerangcampers.com) angefragt, bei denen wir schon 2005 unser Fahrzeug gemietet hatten. Nach einigen E-Mails waren die wichtigsten Fragen geklärt und ein preislich gutes Angebot für einen Toyota Hiace Campervan (Breitversion SLWB) auf dem Tisch (Video zum Campervan unter www.youtube.com/watch?v=WJOl8t-B78k). Bei unseren anfänglichen Wunschvorstellungen mussten wir allerdings Abstriche machen: Der Kindersitz wurde im Van recht weit hinten befestigt, und da wir den Kindersitz rückwärtsgerichtet montiert hatten und man von vorne nur den Kindersitz, nicht aber das Kind sah, saß während der Fahrt meistens einer von uns hinten und sorgte für gute Laune. Eine Unterhaltung von vorn nach hinten war dabei möglich, aber manchmal durch die Fahrtgeräusche etwas anstrengend. Insgesamt waren wir mit dieser Lösung alle ganz zufrieden.

Der Vermieter Boomerang wird von einem ausgewanderten Schweizer geleitet, sodass der Kontakt auf Deutsch möglich war. Dabei war der Austausch per E-Mail immer sehr flott, allerdings waren uns die Antworten manchmal zu knapp und man musste mehrfach nachfragen, um zufriedenstellende Antworten zu bekommen. Hier wäre zu empfehlen, dass man einfach mit der Zentrale in Perth telefoniert und Herrn Beisser verlangt. Dann kann man auf Deutsch die offenen Fragen sicher besser klären. Unser Campervan war dieses Mal ein ehemaliges Fahrzeug von Maui (Baujahr 2008) und hatte bereits über 200.000 km auf dem Buckel. Er war noch gut in Schuss, allerdings hatten wir immer wieder kleinere Probleme mit der Elektronik und gegen Ende auch mit der zweiten Batterie, die dann ausgetauscht wurde. Das Preis-Leistungsverhältnis bei Boomerang stimmt soweit, wir würden uns nur noch wünschen, dass man noch mehr Wert auf Qualität und das schnelle Beheben selbst von kleinen Problemen legt.

Ein zweiter Anbieter mit schweizer Wurzeln, von dem wir bisher viel Gutes gehört haben, ist TCC (www.travelcar.com.au). Preislich liegt er wohl auf einem Niveau mit Boomerang, hatte aber andere Fahrzeuge und etwas bessere Optionen für Zusatzversicherungen. Die Fahrzeugflotte und Qualität scheint vom Hörensagen sehr gut zu sein und auch der Internetauftritt ist ansprechend.

Die großen Anbieter (Britz, Apollo, Maui, Kea) waren uns persönlich zu teuer. Man verspricht sich ja bei einem höheren Mietpreis eine höhere Fahrzeug- und Servicequalität. Die hohe Fahrzeugqualität leiten die Anbieter daraus ab, dass sie neue oder nur wenige Jahre alte Fahrzeuge vermieten und die Flotte ständig erneuern. Was die Servicequalität anbelangt, sind wir der Meinung, dass ein kleinerer Anbieter genauso gut bzw. aufgrund der persönlicheren Betreuung sogar besser sein kann. Auf unserer Reise haben wir mehrere Reisende getroffen, die bei den Großen monatelang im Voraus gebucht hatten und dann war am Abholtag das gebuchte Fahrzeug nicht verfügbar. Wie bei Autovermietungen so üblich, bekommt man dann gewöhnlich eine Wagenklasse größer ohne Aufpreis. Bei Campern ist dies aber nicht unbedingt im Sinne der Kunden, da mit den großen „Schiffen" auch etwas Flexibilität und Abenteuergefühl verloren geht. Des Weiteren können leider auch die großen Anbieter nicht garantieren, dass bei einem Motorschaden in kurzer Zeit ein ähnliches Ersatzfahrzeug bereitgestellt wird. Entweder man wartet dann, bis das Auto repariert ist oder man muss sich mitten im Urlaub selbst um eine Alternative kümmern.

Hilfreiche Seiten, die die verschiedenen Vermieter auflisten: www.australien-wohnmobile.de/fahrzeuguebersicht.html, www.australien.tgs-unit.de/vor-der-reise/fahrzeug/camper-vermieter

In Australien gibt es in jedem größeren Ort eine Apotheke und ein Krankenhaus, im Fall der Fälle kann man also auf dieses Angebot zurückgreifen. Um unabhängig zu sein und im Zweifelsfall die von zu Hause bekannten Medikamente einsetzen zu können, sollte man Medikamente, die man regelmäßig benötigt, in ausreichender Menge mitbringen und darüber hinaus eine kleine Reiseapotheke zusammenstellen. Die Anforderungen an die Baby-Reiseapotheke muss man dabei gesondert berücksichtigen, allerdings sollte man auch nicht übertreiben (wir haben schon Listen für Baby-Reiseapotheken gesehen, die eine eigene große Reisetasche erfordern würden – das geht in der Praxis nicht!). Bewährt hat sich bei uns folgende Zusammenstellung:

- ☐ Erste-Hilfe-Verbandsset (ein kleines Set für Reisen/Fahrradfahren; im Mietfahrzeug ist oft keines vorhanden, bzw. die Verwendung kostet extra)
- ☐ Fieberthermometer
- ☐ Wunddesinfektionsmittel
- ☐ Schmerzmittel (z.B. Paracetamol)
- ☐ Mittel gegen Durchfall (z.B. Ibuprofen, Perenterol (falls noch gestillt wird))
- ☐ Fenistil-Gel
- ☐ Speziell fürs Baby:
- ☐ Paracetamol-Zäpfchen (bei Fieber)
- ☐ Hustensaft
- ☐ Zinksalbe
- ☐ Arnika-Globuli
- ☐ evtl. Zahnungsgel
- ☐ Klammerpflaster (eher für ältere Kinder)

Kommunikation in Westaustralien

Telefonieren

- Festnetz

In Australien gibt es noch relativ viele öffentliche Telefone, von denen aus man (meist mit einer Telefonkarte) in die ganze Welt telefonieren kann. Möchte man öfter und länger nach Deutschland telefonieren, empfiehlt sich der Kauf einer sogenannten Callingcard – diese funktioniert so ähnlich wie zu Hause eine Billigvorwahl, d.h. man wählt die auf der Callingcard angegebene Nummer, dann ggf. den PIN auf der Callingcard und schließlich die eigentliche Rufnummer. Eine Callingcard kann man in den meisten Kiosks und in vielen Unterkünften erwerben. Man sollte darauf achten, dass die Callingcard günstige Anrufe ins Zielland anbietet und in den Städten entlang der Reiseroute funktioniert (manche Callingcards funktionieren nur in bestimmten Städten).

- Handy

In Westaustralien ist die Netzabdeckung relativ schlecht, d.h. man hat mit geeignetem Handy in allen Städtchen entlang der Hauptverkehrsrouten Empfang, doch dazwischen oftmals nur schlechten oder gar keinen Empfang. Möchte man wirklich immer erreichbar sein, muss man sich ein Satellitentelefon kaufen/leihen, was aber mit erheblichen Kosten verbunden ist.

Möchte man unterwegs ein Handy nutzen, ist es am einfachsten und günstigsten, vor Ort eine Prepaid-SIM-Karte eines australischen Anbieters zu kaufen und im eigenen SIM-Lockfreien (!) Handy zu verwenden. SIM-Karten der verschiedenen Anbieter gibt es fast überall, entweder beim Anbieter direkt in der Filiale oder z.B. auch in den Supermarkt-Ketten. Oft lohnt es sich, die SIM-Karte direkt beim Anbieter zu kaufen, da diese die Karte schnell freischalten können; ansonsten muss man die SIM-Karten oft noch selbst per Telefon oder Internet freischalten. Wenn man eine SIM-Karte kauft, muss man seinen Reisepass vorlegen (auch zum Aktivieren bereithalten!). Insgesamt ist eine australische Mobilfunknummer für unterwegs recht praktisch und man wird sie recht oft benötigen, da man z.b. bei vielen Unterkünften und Touranbietern eine Telefonnummer angeben muss. Außerdem kann man von Deutschland aus günstig angerufen werden – dem Angerufenen in Australien entstehen keine weiteren Kosten.

Im Normalfall kann man auch seine deutsche SIM-Karte in Australien nutzen, hier sollte man sich aber unbedingt bei seinem deutschen Anbieter über die Möglichkeiten und Kosten informieren. Ein kleiner Vorteil ist, dass sich dabei das Handy immer in das gerade verfügbare Netz einwählt, was in einigen wenigen Fällen zu einer etwas größeren Netzabdeckung führt.

Möchte man eine australische Sim-Karte kaufen, so kommt trotz der vielen verschiedenen Netzanbieter in Australien für eine Reise entlang der Westküste momentan eigentlich nur ein Anbieter in Frage: Telstra. Telstra ist nicht unbedingt der günstigste Anbieter, aber er hat eindeutig die beste Netzabdeckung (www.telstra.com.au/mobile/networks/coverage/state. html). Seit einiger Zeit verwendet Telstra „Next G (4G/3G)", eine neue Form von UMTS, und deckt damit weite Teile der Hauptreiserouten ab. Um „Next G" verwenden zu können, braucht man ein Handy, das auch mit dieser Frequenz arbeiten kann (je nach Region zwischen 850MHz und 1800MHz), ansonsten profitiert man nicht von diesem neuen Netz und hat meist nur in den größeren Orten Empfang (das gilt auch, wenn man seine deutsche SIM-Karte im eigenen Handy belässt und per Roaming im nicht-„Next G"-kompatiblen Handy nutzt). Es gibt auf dem deutschen Markt einige Handys, die mit „Next G" arbeiten können, allerdings gibt es keine vollständige Liste im Internet, auf der man vorab herausfinden kann, ob das eigene (ältere) Handy dazugehört. Wenn man ein neueres Handy besitzt, könnte man Glück haben und es entweder bei Telstra online finden oder unter www.mobicity. com.au/phones/nextg-phones.html. Im Zweifelsfall kann man sich ein günstiges Telstra-Handy kaufen, das sollte nicht mehr als 50 AUD kosten. Auf eine gute Beratung in den Telstra-Filialen vor Ort ist leider kein Verlass. Uns konnte man in den Telstra-Shops in Perth nicht sagen, ob wir mit unseren Handys „Next G" empfangen können („wahrscheinlich schon") – im Laufe der Reise haben wir dann gemerkt, dass sie es nicht können, denn alle anderen telefonierten mit Telstra, aber wir hatten keinen Empfang. In Geraldton haben wir uns dann doch noch das günstigste „Next G"-taugliche Handy (50 AUD inkl. 10 AUD Startguthaben) gekauft und hatten ab da recht guten Empfang.

Die SIM-Karten kann man jederzeit mit min. 20 AUD aufladen; man sollte aber schon vor Aktivierung der SIM-Karte überlegen, welchen Tarif man wählt. Bei vielen Tarifen verfällt das Guthaben schon nach 30 Tagen, bzw. man muss rechtzeitig weiteres Guthaben aufladen, damit das alte Guthaben nicht verfällt. Wir haben uns für den Tarif „Simplicity" entschieden, da dort das Guthaben bei einer Aufladung mit 30 AUD 60 Tage lang bestehen bleibt und Anrufe nach Deutschland nur 15c/Min. kosten. Die Tarife ändern sich aber oft und man sollte die aktuellen Tarife jeweils vor der Abreise bei Telstra online nachsehen.

Internet

Wie sonst auch gibt es in Westaustralien viele Internetcafés, in denen man surfen und z.B. seine Fotos auf CD brennen kann. Da diese aber recht teuer sind (etwa 4-10 AUD/h) und die Suche manchmal etwas aufwendig sein kann, ist die Kombination aus eigenem Laptop/Netbook und UMTS-Stick eine bequeme und günstige Alternative. Wie bereits beim Handy kann man in seinen aus Deutschland mitgebrachten simlockfreien UMTS-Stick (z.B. Fonic) eine australische Prepaid-SIM-Karte einlegen und nach Aktivierung der Karte lossurfen. Wer keinen UMTS-Stick besitzt, kann auch einen von Telstra kaufen – damit ist sichergestellt, dass der Stick auch „Next G/4G"-kompatibel ist (allerdings kann es mit einem nicht-englischen Betriebssystem Installationsschwierigkeiten geben – diese kann man wohl aber beheben), ansonsten hat man vielleicht nur in größeren Städten Internetempfang. Zu Beginn hatten wir eine einzige SIM-Karte in Handy und UMTS-Stick genutzt um zu sehen, ob man den deutschen UMTS-Stick in Australien überhaupt nutzen kann; ein Umstecken ist also problemlos möglich (man wird bei der Aktivierung gefragt, ob man die SIM-Karte zum Telefonieren oder Surfen nutzen möchte – man kann also bedenkenlos „Telefonieren" sagen, damit kann man nämlich Tarife nutzen, mit denen man u.U. günstiger surft, als im „nur-surf-tarif"). Wir haben bald noch eine zweite SIM-Karte mit einem Guthaben von 30 AUD gekauft, die wir nur zum Surfen benutzten und durch Browse-Plus-Pakete kamen wir mit 30 AUD für 60 Tage gut aus (wir haben fast nur Emails geschrieben und Blogeinträge inkl. Fotos hochgeladen – da haben uns 700MB ausgereicht).

Wer seinen deutschen Surfstick benutzen möchte, muss in der Konfiguration einen Benutzer anlegen und folgende Werte eingeben:

APN: telstra.wap (static)
Authentication:
Access number: *99#
User name: [leer]
Password: [leer]

Die meisten australischen Länder verschärfen gerade ihre Bestimmungen bezüglich der Kinder- und Babysitze. In WA sind die Gesetze schon neu und schreiben folgende Vorrichtungen vor:

bis ca. 6 Monate	ca. 6 Monate bis ca. 4 Jahre	ca. 4 Jahre bis ca. 7 Jahre	ab ca. 7 Jahre
Babyschale („baby capsule", inbuilt harness (=5-Punkt-Gurt))	Kindersitz ("convertible car seat"/ "harnessed booster seat", inbuilt harness)	Kindersitz ("(harnessed) booster seat")	Normaler Sicherheitsgurt oder zusätzlich mit Harness
rückwärtsgerichtet	rückwärtsgerichtet oder vorwärtsgerichtet	vorwärtsgerichtet	vorwärtsgerichtet

Darüber hinaus gibt es folgende Vorschriften:

1) Jeder Kindersitz muss der **Norm AS/NZS 1754** entsprechen, d.h. europäische Kindersitze scheiden damit momentan generell aus und ISOFIX ist ebenfalls nicht zugelassen; wer überlegt, im Flugzeug einen eigenen Sitzplatz für das Baby zu buchen und dort den eigenen Kindersitz zu benutzen (ist meistens nach Rücksprache mit der Airline möglich), sollte überlegen, wo er dann für die Dauer der Reise in Australien den Kindersitz lagert, da er auf der Reise nicht verwendet werden kann/soll.

Einfacher ist es, mit dem Camper einen Kindersitz zu buchen – damit ist auch sichergestellt, dass der Sitz auf jeden Fall im entsprechenden Camper montiert werden kann.

2) **Kinder bis 7 Jahre müssen auf der Rückbank sitzen.** Sie dürfen nur vorn sitzen, wenn die hinteren Sitzplätze bereits alle von Kindern unter 7 Jahren belegt sind (oder es keine Rückbank gibt).

3) Ist im Taxi gerade kein Kindersitz verfügbar, braucht auch keiner benutzt zu werden.

Quelle: www.kidsafe.com.au, www.childcarrestraints.com.au

Aus der Praxis

Die meisten gebräuchlichen Baby-/Kindersitze sind konvertibel und können sowohl rückwärtsgerichtet als Babyschale (meist bis 9 oder 12 kg) als auch vorwärtsgerichtet als Kindersitz (meist bis 18 kg) verwendet werden. Angeschnallt werden die Kinder in beiden Fällen mit dem sitzeigenen 5-Punkt-Gurt. Boostersitze sind gewöhnlich für Kinder von 18-26 kg. Bei den Mietcampern auf unserer Reise sahen die Kindersitze meistens sehr gut und sicher aus und waren von einem bekannten Hersteller.

Unseren deutschen Kindersitz hätten wir hier nicht installieren können, da die Vorrichtung im Auto aus Beckengurt und Haken hinten an der Rückwand ("anchor fitting point") bestand. Hierfür braucht man einen Kindersitz mit tether strap (bei allen australischen Kindersitzen obligatorisch). Da unser Kindersitz konvertibel war, haben wir sowohl die vorwärts- als auch die rückwärtsgerichtete Position ausprobiert. Schon bald sind wird dann aber bei der rückwärtsgerichteten Position geblieben, da Jonna die Fahrten über viel geschlafen hat und das in dieser Position einfach angenehmer war. Sicherer ist für kleinere Kinder (solange sie hineinpassen) ohnehin die rückwärtsgerichtete Position.

In der Bildergalerie auf Seite 53 ist zu sehen, wie der Sitz mit Ankerpunkt festgemacht wird.

Von unserer letzten Reise hatten wir bereits eine Vorstellung davon, was man auf einer Reise mit Camper vermissen, bzw. ohnehin nie benötigen wird. Im Nachhinein können wir sagen, dass wir dieses Mal kaum etwas vermisst haben, aber einige Dinge doch wieder zu viel waren.

Hier die von zu Hause mitgebrachten Dinge, die uns das Camperleben erleichterten:

- ☐ Picknickdecke (super, um vor dem Camper oder am Strand zu sitzen/krabbeln/spielen)
- ☐ Thermoskanne (praktisch, um in aller Frühe ohne Mühe schon Kaffee oder Porridge (mit Wasser) zuzubereiten)
- ☐ Kleine Plastikbehälter (für Kekse/Obst/Brei für unterwegs)
- ☐ LED-Nachtlicht mit Batterien (falls das Baby nachts mal wieder aufwacht, man aber nicht das grelle Camperlicht anschalten möchte)
- ☐ Kleines Radio
- ☐ Ladegeräte für den Zigarettenanzünder für fast alle Elektrogeräte (damit ist man weitgehend unabhängig von externer Stromversorgung)
- ☐ Schnorchelausrüstung; eine reicht, da man sich sowieso immer mit Babysitten abwechseln muss
- ☐ Fernglas (war fast auf jeder Wanderung dabei und am Cable Beach konnten wir damit Wale beobachten)
- ☐ Baby-Plastiklöffel zum Essen und Spielen
- ☐ Sonnenschutz (Kleidung und Creme)

Hier die Dinge, die sich im Nachhinein als unnötig erwiesen haben:

- ☐ Schwimmhilfe (Baby ist im Wasser und am Strand ohnehin immer eng an den Eltern)

- ☐ Baby-Reisebett (im Camper war dafür kein Platz und im Hotel waren die Betten immer groß genug für uns drei, bzw. es wurde ein Bett gestellt).
- ☐ „Rei in der Tube" wurde kein einziges Mal gebraucht, da wir mehrmals richtig gewaschen haben und auch genügend Kleidung dabei hatten.
- ☐ Wir hatten definitiv viel zu viel Sonnencreme dabei. Wenn man den halben oder den ganzen Tag im Auto sitzt, lässt man oftmals die Sonnencreme weg.
- ☐ Babysonnenbrille (wurde von Jonna verweigert)

Als Brillenträger sollte man darüber nachdenken, ob man eine Ersatzbrille mitnimmt. Unsere Brillen waren am Ende der Reise auf Grund von zahlreichen Babyattacken ganz schön lädiert.

Was die Reiseliteratur anbelangt, ist und bleibt der „Camps" Guide unser Favorit (www.campsaustraliawide.com/), weil dort in übersichtlicher Form sämtliche Free Camps, Nationalpark-Campingplätze und ausgewählte günstige Campingplätze aufgeführt werden. Der Guide ist mittlerweile so beliebt, dass er bereits in der 6. Auflage erschienen ist (2013 kommt wohl schon die 7.) und man auf jedem Platz Reisende hört, die sich über die Qualität der empfohlenen Plätze austauschen. Nur das Kartenmaterial war uns oftmals zu ungenau, und wir haben daher auf die StreetSmart Touring Maps zurückgegriffen, die es als ADAC-Mitglied kostenlos in der Zentrale des RAC in Perth gibt (RAC Travel Head Office, 832 Wellington Street, West Perth, Monday to Friday, 8.30am-5pm).

Eigentlich braucht ein Baby auf einer Reise auch nicht viel mehr als zu Hause, dennoch gibt es einige Dinge, die sich bei uns auf der Reise besonders bewährt haben.

- ☐ Im Sand spielen (Plastiklöffel und kleines Eimer-Set nicht vergessen)
- ☐ Musik hören (z.B. Rolf Zuckowski-CDs mitnehmen)
- ☐ Andere Kinder treffen
- ☐ In warmem Wasser planschen
- ☐ Essen, essen, essen
- ☐ Tiere anschauen
- ☐ Kinderbücher anschauen

Das Gepäck für das Baby ist natürlich sehr individuell und sollte für jede Wetterlage Kleidung beinhalten. An folgende Dinge sollte man beim Packen denken:

Hygiene

- ☐ Wickeltasche/Wickelunterlagen
- ☐ Windeln (mindestens für den Flug und die ersten Tage)
- ☐ Feuchttücher (evtl. für die ganze Zeit – in Australien gibt es die deutschen Marken sehr selten)
- ☐ Waschlappen
- ☐ Schwimmwindeln
- ☐ Baby-Wattestäbchen
- ☐ Cremes (Wind-und-Wetter, Zinksalbe, etc.)
- ☐ Badelotion
- ☐ Haarbürste
- ☐ evtl. Haarklammern
- ☐ Nagelschere

Kleidung

- ☐ 2-3 Mützen mit Nackenschutz
- ☐ 1 Regenjacke
- ☐ 1 dünne Jacke
- ☐ 1 dicke Jacke
- ☐ Pullover
- ☐ 1 UV-Schutzoberteil, langarm
- ☐ Hosen, dabei 2-3 stabile (Latz-) Hosen
- ☐ Langarmbodies
- ☐ Kurzarmbodies
- ☐ Strumpfhosen
- ☐ Socken
- ☐ Evtl. Schuhe/Laufsocken

Schlafen

- ☐ 2 Schlafsäcke
- ☐ 2 Schlafanzüge
- ☐ 1 kleine Decke

Spielzeug

- ☐ Stapeleimer
- ☐ Puzzle
- ☐ Bilderbücher
- ☐ CDs mit Kinderliedern

Essen + Trinken

- ☐ Ein paar Gläschen und Knabbersachen für die ersten Tage
- ☐ Trinkbecher mit Deckel
- ☐ Milchfläschchen/Stillzubehör

Allgemeines

- ☐ Sonnenbrille
- ☐ Sonnencreme
- ☐ Plastik-Trinkbecher
- ☐ Plastik-Teller
- ☐ Plastik-Besteck
- ☐ Schnuller

Bei der Kleidung empfiehlt es sich ein paar feste Hosen mitzunehmen, die bis über das Knie reichen – zumindest solange das Kind nicht laufen kann. Wir hatten nur eine Latzhose dabei – die war daher im Dauereinsatz. Häufig macht man an Orten Halt, an denen es keine Wiese oder Sandstrand gibt, sondern nur roten, steinigen Grund. Wenn man dann nur leichte Kleidchen oder Stoffhosen dabei hat, dann leidet sowohl die Kleidung als auch das Baby selbst.

Unbedingt empfehlenswert ist auch, möglichst keine weißen oder hellen Kleidungsstücke mitzunehmen – mit den Waschmaschinen auf den australischen Campingplätzen kann man zwar fast überall günstig seine Wäsche waschen (meist 3 AUD/Waschladung), aber in den üblicherweise 30 Minuten wird die Kleidung einfach nicht komplett sauber; sie riecht zwar gut, aber es bleibt überall ein Grauschleier bzw. Spuren der roten Erde.

Checkliste Camperübernahme

Bei unserer ersten Camperanmietung im Jahr 2005 waren wir noch sehr unerfahren und da dies auf der Gegenseite ebenfalls der Fall war (der Camper wurde uns damals am Camperdepot von der Ehefrau übergeben, die kurzfristig ihren Mann vertreten musste), wurde erst bei der Fahrzeugrückgabe bemerkt, dass wir das Übergabeprotokoll eines völlig anderen Fahrzeugs (+Fahrzeugtyps!) erhalten hatten … die eingetrage-

nen Schäden am Fahrzeug waren aber auch zu ähnlich...
Die schlampige Fahrzeugübergabe hatte noch zu weiteren
Überraschungen während der Reise geführt: Dass wir zwei
Kissen zu viel und eine Decke zu wenig hatte, bemerkten wir
erst einige Tage später, als wir dann zu viert unterwegs waren
und uns schlafen legen wollten. Dass der Kühlschrank nicht
richtig kühlte, da die separate Batterie den Kühlbetrieb nicht
einmal für die halbe Nacht aufrecht erhalten konnte, fiel uns
etwa zur selben Zeit auf. Nach Rücksprache mit unserem Vermieter wurde die Batterie dann unterwegs in einer vorgege-
ben Werkstatt ausgetauscht, was uns inkl. Anfahrt einige
Stunden bei schönstem Wetter kostete. Die undichten Flie-
gengitter bemerkten wir dann erst im Northern Territory, wo
es von Stechmücken nur so wimmelte – ab da hieß es dann im
Camper schon am frühen Abend: Licht aus! Außerdem fielen
am Ende der Reise die sehr abgefahrenen Reifen ins Auge –
irgendwie dachten wir, dass wir durch die Inspektion, die wir
unterwegs planmäßig durchführen lassen mussten, auf der
sicheren Seite wären – doch dort war außer einem Ölwechsel
nicht viel gemacht worden. Da wir gerade von Öl sprechen:
irgendwann war uns das Quietschen unserer Schiebetür zu
peinlich und wir haben ein Kanister Öl besorgt – musste ja
nicht jeder in der Umgebung wissen, wann wir den Camper
betreten oder verlassen.

Hier ein Überblick darüber, auf was man bei der Camperübernahme alles achten KANN:

Checkliste Camperübergabe (Hitop Camper ohne WC)

Papiere

- ☐ Führerschein und Internationalen Führerschein bereithalten

- ☐ Daten im Übergabeprotokoll auf Richtigkeit überprüfen (richtiges Fahrzeug, Abhol- und Rückgabedatum, Namen der Fahrer, km-Stand etc.)
- ☐ Fahrzeugpapiere
- ☐ Fahrzeug aktuell zugelassen?
- ☐ Gebrauchsanweisung fürs Fahrzeug
- ☐ Gebrauchsanweisung für weitere Geräte (Radio etc.) + Kindersitz
- ☐ Notfallnummern/-adressen (am besten gleich ins Handy einprogrammieren)
- ☐ Inspektions-/Wartungstermine schriftlich geben lassen
- ☐ alle Mängel schriftlich festgehalten?

Prüfen

Fahrzeug außen

- ☐ Wo sind Schäden an der Karosserie (Beulen, Steinschläge, Kratzer)? Dabei auch aufs Dach schauen; Mängel detailliert festhalten.
- ☐ Welche Schäden sind an der Windschutzscheibe?
- ☐ Profiltiefe der Reifen ausreichend für die Strecke?
- ☐ Ersatzreifen vorhanden und ok?

Motor und Technisches

- ☐ Ölstand prüfen
- ☐ Befüllung der Gasflasche prüfen
- ☐ Befüllung des Wassertanks prüfen
- ☐ Befüllung der Scheibenwaschanlage prüfen

Innenraum

- ☐ Sind alle im Mietvertrag genannten Gegenstände vorhanden (Geschirr, Bettwäsche, Putzzeug, Klappstühle, Feuerlöscher, Wasserschlauch, Stromkabel …)?

- ☐ Gurte ausprobieren – schließen alle gut?
- ☐ Türen und Fenster ausprobieren – alle einfach und ohne Quietschen zu bedienen? Alle dicht?
- ☐ Kindersitz ein- und ausbauen
- ☐ Funktioniert der Gaskocher? (-> beide Platten gleichzeitig voll aufdrehen)
- ☐ Funktioniert das Radio/CD-Player?

Erklären lassen/ausprobieren

- ☐ Reifenwechsel (Wo ist der Wagenheber, wo setzt man diesen an? Wo ist der Schraubenschlüssel?)
- ☐ Wie baut man die Markise auf?
- ☐ Wie stellt man das Gas an und aus?
- ☐ Wie stellt man den Strom an und aus?

... nach dem Start des Motors

- ☐ Klimaanlage ausprobieren
- ☐ Zigarettenanzünder ausprobieren (z.B. mit Handy-Ladegerät)
- ☐ Funktionieren alle Lichter (Blinker etc.) u. die Scheibenwischer?
- ☐ Funktioniert der Kühlschrank?

Da wir einen Camper ohne Toilette gemietet haben, entfällt die Prüfung von Bad/Toilette.

Weitere Anregungen kann man hier finden:
www.ingrids-reisewelt.de/reiseforum.php?board=11;action=display;threadid=14294,
www.australien-info.de/checkliste-fahrzeuguebernahme.html

Für den ersten Einkauf empfiehlt es sich, bereits vor der Reise eine Liste zu machen und zu überlegen, was man benötigt – das spart vor Ort Zeit und Nerven. Dabei ist es zweckmäßig auf ein ausgewogenes Verhältnis zwischen frischen und haltbaren Lebensmitteln zu achten. Gefrorene Lebensmittel kommen dabei praktisch nicht in Betracht, da das Gefrierfach im Camper sowohl in der Größe als auch von der Temperatur her kaum zum Lagern geeignet ist. Man kann übrigens in fast allen Orten in Australien Lebensmittel bekommen, doch je kleiner der Ort ist, desto eingeschränkter ist das Angebot und umso teurer sind die Preise. Auch frisches Obst ist auf vielen Strecken Mangelware, daher sollte man sich lieber in den größeren Orten damit eindecken.

Unsere erste Einkaufsliste sah in etwa so aus und hat uns dabei geholfen, den Supermarkt erst wieder einige Tage später anfahren zu müssen:

	Haltbar	Frisch
Frühstück	Nutella, Porridge Müsli, Honig, Kuchen	Obst, Marmelade Butter, Brot, Joghurt
Mittagessen	Bifi o.ä., Streichkäse Fisch in Dosen Oliven in Dosen Getr. Tomaten Haltbares Brot (Pumpernickel o.ä.)	Sandwichbrot Wurst, Scheibenkäse Grüner Salat Tomaten, Gurken Avocado Frischkäse
Abendessen	Konserven (Fertiggerichte, Suppen, Eintöpfe, Fleisch/Wurst, Mais, Pizzatomaten) Nudeln/Pasta, Reis Linsen	Kartoffeln Fleisch Gemüse (Aubergine, Zwiebeln, etc.)
Snacks	Schokolade Reiswaffeln Nüsse, Chips	Obst (Bananen, Äpfel, etc.)

Trinken	Tee, Saft, Wasser, Bier Wein Kaffee (instant)	Milch
Sonstiges	Salz + Pfeffer Zitronenpfeffer Ketchup, Essig, Öl (zum Braten + Salat), Küchentücher Waschmittel (für Toploader), Toilettenpapier, Zucker, Windeln, Streichhölzer, Spülschwämme Wischtücher	Senf Sandwichsauce

Unsere Top 10 Plätze mit Baby und 2WD

Wir wurden oft gefragt, welches denn die schönsten Plätze auf unserer Reise waren. Um das zu beantworten, müssen wir etwas ausholen und die Kriterien nennen, die bei der Erstellung der Top 10 eine Rolle spielten. Hauptkriterium war das Wetter – die Attraktivität der meisten Orte steht und fällt mit der Wetterlage, da es selten eine Schlechtwetteralternative gibt. Aus diesem Grund rutschten so grandiose Plätze wie Monkey Mia und der Karijini National Park an das Ende dieser Liste. Ein weiteres Kriterium, das sich von selbst ergibt, ist die Erreichbarkeit mit einem Camper ohne Allradantrieb (2WD). Deswegen sind in den Top 10 weder der Francois Peron National Park noch die Bungle Bungles zu finden. Und warum fehlt in unserer Liste einer der beliebtesten Nationalparks der Westküste, der Cape Range Nationalpark bei Exmouth? Das liegt zum einen daran, dass wir in Coral Bay bereits einige Tage zuvor einen wunderschönen Strandurlaub genießen durften und Exmouth somit kaum Neues bot und zum anderen daran, dass der Park überfüllt war und wir keinen Stellplatz zum Campen bekamen – das war dann doch etwas enttäuschend.

Top 10 Plätze

1. Coral Bay (seichtes Meer, Schnorcheln, Babypool, Sandstrand)
2. Lake Argyle Tourist Village (sehr sauber, grandiose Lage/Swimmingpool, viele Familien)
3. Katherine und Mataranka (heiße/warme Quellen, natürliche Pools, Bootstouren)
4. Rottnest Island (Fahrradinsel, Schnorcheln, Strände)
5. Litchfield National Park (Wasserfälle, natürliche Pools, viele Familien)
6. Mt. Bundy Station (unzählige Kängurus und Tiere, Swimmingpool)
7. Pinnacles (Fahrspaß für die ganze Familie)
8. Wave Rock (beeindruckender Fels, kleiner Tierpark nebenan)
9. Karijini National Park (tolle Wanderungen/Schluchten, natürliche Pools) [1]
10. Monkey Mia/Shark Bay (Delfine) [2]

[1] mit 2WD nur eingeschränkt nutzbar
[2] witterungsbedingte Abwertung, da es kalt und stürmisch war

Routenvorschläge

Auf den folgenden Seiten möchten wir gerne zeigen, welche Streckenabschnitte wir auf unserer Reise (67 Nächte) zurückgelegt haben und welche Route wir vorschlagen, wenn man vier, fünf, sechs, sieben oder acht Wochen Zeit hat. Man kann die Strecke Perth – Darwin zwar auch in drei Wochen zurücklegen, jedoch raten wir mit Baby davon ab, da das ein ziemlich strammes Programm ist und man sich jegliche Flexibilität nimmt. Übernachtungshinweise geben wir nur für Plätze, die wir selbst ausprobiert haben – nach Möglichkeit geben wir kostenlose Campingplätze an und bei allen anderen als Orientierung die Preise von 2012 (bei Belegung mit 2 Erwachsenen und 1 Baby). Bei ein paar wenigen dieser Übernachtungsmöglichkeiten, muss man einige Kilometer ungeteerte Straße fahren, um zum Ziel zu kommen. Diese Strecken sind zwar keine große Herausforderung an das fahrerische Können, doch greift hier bei einem gemieteten Campervan die Versicherung normalerweise nicht, sodass man sich vorher überlegen sollte, ob man das Risiko eingehen möchte. Beachten sollte man bei der Etappenplanung auch, dass die zweite Batterie für den Kühlschrank selten länger als 1-2 Nächte durchhält und man entweder regelmäßig längere Stecken fahren sollte, damit die Batterie wieder geladen wird, oder einen Campingplatz mit Stromanschluss ansteuern sollte, damit die Lebensmittel im Kühlschrank nicht warm werden.

Um vor Ort flexibel planen zu können, sollte man aktuelles und detailliertes Kartenmaterial dabei haben. Am besten holt man sich dieses in Australien bei den Automobilclubs (www.rac.com.au in WA; www.aant.com.au im NT) – für ADAC-Mitglieder gibt es dort viele gute Karten kostenlos und die aktuelle Ausgabe des „Camps" günstiger.

Legende: CP = Caravan Park, RP = Recreational Park, RA = Rest Area, NP = National Park, CA = Camping Area/Campground, p = powered site, up = unpowered site

Unsere Reise 2012

Woche x Tag y	Etappenziel	Übernachtungshinweis	Tages-KM
W1 T1	Perth, Stadttour	Emperor's Crown, 100 AUD www.**emperorscrown**.com.au	
W1 T2	Perth, Zoo		0
W1 T3	Perth, Fremantle		0
W1 T4	Perth, Kings Park		0
W1 T5	Perth, Rottnest Island		0
W1 T6	Perth, Shopping + Museen		0
W1 T7	Perth, Fremantle		0

W2 T1	Beverly	Beverly CP, 25 AUD p	150
W2 T2	Wave Rock	Wave Rock CP, 35 AUD p	250
W2 T3	Toodyay	Toodyay CP, 35 AUD p	330
W2 T4	Yanchep	Club Capricorn, 26 AUD p	150
W2 T5	Jurien Bay	Sandy Cape RP, 15 AUD up	180
W2 T6	Geraldton	Bel Air CP, 32 AUD p	210
W2 T7	Kalbarri	Wagoe Chalets 20 AUD up	140
W3 T1	Hutt River Province, 10 AUD up		110
W3 T2	Monkey Mia Resort, 30 AUD up		350
W3 T3	Shark Bay/Nanga Bay	Nanga Bay Resort, 30 AUD p	80
W3 T4	Vor Carnarvon	Edagee RA, free	200
W3 T5	Nach Carnarvon	Lake MacLeod RA, free	180
W3 T6	Coral Bay	Bay View CP, 39 AUD p	140
W3 T7	Coral Bay	Bay View CP, 39 AUD p	0
W4 T1	Coral Bay	Bay View CP, 39 AUD p	0
W4 T2	Bullara Station	26 AUD up	70
W4 T3	Exmouth/Cape Range	Yardie Homestead, 30 AUD p	120
W4 T4	Exmouth/Cape Range	Yardie Homestead, 30 AUD p	60
W4 T5	Barradale RA	Barradale RA, free	240
W4 T6	Tom Price	R.I.P. Lookout, free	400
W4 T7	Karijini NP	Dales CA, 14 AUD up	80
W5 T1	Karijini NP	Dales CA, 14 AUD up	0
W5 T2	Karijini NP	Dales CA, 14 AUD up	20
W5 T3	Point Samson	Samson Beach CP, 39 AUD p	450
W5 T4	Karratha	Nickol River Bridge, free	150
W5 T5	Cape Keraudren	23 AUD up	340
W5 T6	Stanley RA	Stanley RA, free	250
W5 T7	Munro Springs Station, 20 AUD p		60

W6 T1	Broome	Tarangau CP, 42 AUD p	140
W6 T2	Broome	Tarangau CP, 42 AUD p	10
W6 T3	Broome	Tarangau CP, 42 AUD p	10
W6 T4	Nillibubbica RA	Nillibubbica RA, free	100
W6 T5	Derby	Birdwood Downs Station, 26 AUD up	130
W6 T6	Ngumban Cliffs Lookout, free		360
W6 T7	Mary Pool	free	80
W7 T1	Halls Creek	Halls Creek CP, 34 AUD p	110
W7 T2	Scenic Lookout	free	260
W7 T3	Kununurra + Wyndham	Hidden Valley CP, 24 AUD up	250
W7 T4	Kununurra	Kununurra West RA, free	20
W7 T5	Lake Argyle	Tourist Resort, 35 AUD p	70
W7 T6	Lake Argyle	Tourist Resort, 35 AUD p	0
W7 T7	Lake Argyle	Tourist Resort, 35 AUD p	0
W8 T1	Victoria River Roadhouse, 15 AUD up		300
W8 T2	Katherine	Low Level CP, 35 AUD p	200
W8 T3	Katherine	Low Level CP, 35 AUD p	60
W8 T4	Elsey NP	Mataranka Homestead, 24 AUD up	120
W8 T5	Mataranka	Territory Manor, 30 AUD p	10
W8 T6	Edith Falls	Campground, 18 AUD up	170
W8 T7	Katherine	Low Level CP, 35 AUD p	60
W9 T1	Katherine	Low Level CP, 35 AUD p	5
W9 T2	Robin Falls	Robin Falls, free	280
W9 T3	Mt Bundy Station	26 AUD p	10
W9 T4	Mt Bundy Station	26 AUD p	0
W9 T5	Litchfield NP	Wangi Falls, 12.20 AUD up	120
W9 T6	Berry Springs	Tumbling Waters CP, 22 AUD up	150
W9 T7	Darwin	Shady Glen Tourist Park, 34 AUD up	60

W10 T1	Darwin	Holiday Inn Darwin, 200 AUD/Doppelzimmer	40
W10 T2	Darwin		0
W10 T3	Darwin		0
W10 T4	Darwin		0
= 67 Nächte		Summe km:	7825

Die Distanz von 7825 km ergibt sich als Summe aus den Einzeletappen ohne weitere Abstecher bzw. Umwege. Tatsächlich haben wir in diesem Urlaub knapp über 9000 km zurückgelegt. Wenn man bedenkt, dass die Strecke Perth-Darwin in vielen Übersichtstabellen mit 4100 – 4300 km angegeben wird, kann man bei der Kalkulation ordentlich daneben liegen. Bei Benzinpreisen von durchschnittlich 1,66 AUD und einem Verbrauch von durchschnittlich 13 Litern sind die Mehrkosten dann beträchtlich.

Perth – Darwin in 4 Wochen

Woche x Tag y	Etappenziel	Übernachtungshinweis	Tages-KM
W1 T1	Perth, Anreise + Stadttour, Emperor's Crown, 100 AUD, www.*emperorscrown*.com.au/		
W1 T2	Perth, Fremantle		0
W1 T3	Perth, Kings Park		0
W1 T4	Yanchep	Club Capricorn, 26 AUD p	80
W1 T5	Jurien Bay	Sandy Cape RP, 15 AUD up	180
W1 T6	Geraldton	Bel Air CP, 32 AUD p	210
W1 T7	Kalbarri	Wagoe Chalets 20 AUD up	140
W2 T1	Monkey Mia Resort, 30 AUD up		400
W2 T2	Vor Carnarvon	Edagee RA, free	270
W2 T3	Nach Carnarvon	Lake MacLeod RA, free	180

W2 T4	Coral Bay	Bay View CP, 39 AUD p	140
W2 T5	Coral Bay	Bay View CP, 39 AUD p	0
W2 T6	Exmouth/Cape Range	Yardie Homestead, 30 AUD p	180
W2 T7	Exmouth/Cape Range	Yardie Homestead, 30 AUD p	60
W3 T1	Barradale RA	Barradale RA, free	240
W3 T2	Karijini NP	Dales CA, 14 AUD up	450
W3 T3	Cape Keraudren, 23 AUD up		490
W3 T4	80 Mile Beach	Barn Hill Outstation oder Munro Springs Station oder Goldwire Rest Area	330
W3 T5	Broome	Tarangau CP, 42 AUD p	150
W3 T6	Ngumban Cliffs Lookout, free		500
W3 T7	Bungle Bungles	Spring Creek RA, free	300
W4 T1	Kununurra	Hidden Valley CP, 24 AUD up	250
W4 T2	Lake Argyle	Tourist Resort, 35 AUD p	70
W4 T3	Katherine	Low Level CP, 35 AUD p	500
W4 T4	Kakadu, Jabiru	Merl CA, 20 AUD up	330
W4 T5	Litchfield	Wangi Falls, 12.20 AUD up	350
W4 T6	Darwin	Shady Glen Tourist Park, 34 AUD up	170
W4 T7	Darwin	Holiday Inn Darwin, 200 AUD/Doppelzimmer	0
		Summe km:	5900

Perth – Darwin in 5 Wochen

Woche x Tag y	Etappenziel	Übernachtungshinweis	Tages-KM
W1 T1	Perth, Anreise + Stadttour, Emperor's Crown, 100 AUD www.**emperorscrown**.com.au/		
W1 T2	Perth, Fremantle		0
W1 T3	Perth, Rottnest Island		0

W1 T4	Perth, Kings Park		0
W1 T5	Yanchep	Club Capricorn, 26 AUD p	80
W1 T6	Jurien Bay	Sandy Cape RP, 15 AUD up	180
W1 T7	Geraldton	Bel Air CP, 32 AUD p	210
W2 T1	Kalbarri	Wagoe Chalets 20 AUD up	140
W2 T2	Monkey Mia Resort, 30 AUD up		400
W3 T3	Shark Bay/Nanga Bay	Nanga Bay Resort, 30 AUD p	80
W2 T4	Vor Carnarvon	Edagee RA, free	200
W2 T5	Nach Carnarvon	Lake MacLeod RA, free	180
W2 T6	Coral Bay	Bay View CP, 39 AUD p	140
W2 T7	Coral Bay	Bay View CP, 39 AUD p	0
W3 T1	Exmouth/Cape Range	Yardie Homestead, 30 AUD p	180
W3 T2	Exmouth/Cape Range	Yardie Homestead, 30 AUD p	60
W3 T3	Barradale RA	free	240
W3 T4	Tom Price	R.I.P. Lookout, free	400
W3 T5	Karijini NP	Dales CA, 14 AUD up	80
W3 T6	Cape Keraudren, 23 AUD up		490
W3 T7	80 Mile Beach	Barn Hill Outstation oder Munro Springs Station oder Goldwire Rest Area	330
W4 T1	Broome	Tarangau CP, 42 AUD p	150
W4 T2	Broome	Tarangau CP, 42 AUD p	0
W4 T3	Nillibubbica RA	free	100
W4 T4	Derby	Birdwood Downs Station, 26 AUD up	130
W4 T5	Ngumban Cliffs Lookout, free		360
W4 T6	Bungle Bungles	Spring Creek RA, free	300
W4 T7	Kununurra	Hidden Valley CP, 24 AUD up	250
W5 T1	Lake Argyle	Tourist Resort, 35 AUD p	70

W5 T2	Katherine	Low Level CP, 35 AUD p	500
W5 T3	Edith Falls	Edith Falls CA, 18 AUD up	70
W5 T4	Kakadu, Jabiru	Merl CA, 20 AUD up	310
W5 T5	Litchfield	Wangi Falls, 12.20 AUD up	350
W5 T6	Darwin	Shady Glen Tourist Park, 34 AUD up	170
W5 T7	Darwin	Holiday Inn Darwin, 200 AUD/Doppelzimmer	0
		Summe km:	6150

Perth – Darwin in 6 Wochen

Woche x Tag y	Etappenziel	Übernachtungshinweis	Tages-KM
W1 T1	Perth, Anreise + Stadttour, Emperor's Crown, 100 AUD www.*emperorscrown*.com.au/		
W1 T2	Perth, Fremantle		0
W1 T3	Perth, Rottnest Island		0
W1 T4	Perth, Kings Park		0
W1 T5	Beverly	Beverly CP, 25 AUD p	150
W1 T6	Wave Rock	Wave Rock CP, 35 AUD p	250
W1 T7	Toodyay	Toodyay CP, 35 AUD p	330
W2 T1	Jurien Bay	Sandy Cape RP, 15 AUD up	280
W2 T2	Geraldton	Bel Air CP, 32 AUD p	210
W2 T3	Kalbarri	Wagoe Chalets 20 AUD up	140
W2 T4	Monkey Mia Resort, 30 AUD up		400
W2 T5	Shark Bay/Nanga Bay	Nanga Bay Resort, 30 AUD p	80
W2 T6	Vor Carnarvon	Edagee RA, free	200
W2 T7	Nach Carnarvon	Lake MacLeod RA, free	180
W3 T1	Coral Bay	Bay View CP, 39 AUD p	140
W3 T2	Coral Bay	Bay View CP, 39 AUD p	0
W3 T3	Coral Bay	Bay View CP, 39 AUD p	0

W3 T4	Exmouth/Cape Range	Yardie Homestead, 30 AUD p	180
W3 T5	Exmouth/Cape Range	Yardie Homestead, 30 AUD p	60
W3 T6	Barradale RA	free	240
W3 T7	Tom Price	R.I.P. Lookout, free	400
W4 T1	Karijini NP	Dales CA, 14 AUD up.	80
W4 T2	Karijini NP	Dales CA, 14 AUD up	0
W4 T3	Cape Keraudren, 23 AUD up		490
W4 T4	80 Mile Beach	Munro Springs Station, 20 AUD p	330
W4 T5	80 Mile Beach	Barn Hill Station	20
W4 T6	Broome	Tarangau CP, 42 AUD p	150
W4 T7	Broome	Tarangau CP, 42 AUD p	0
W5 T1	Nillibubbica Rest Area, free		100
W5 T2	Derby	Birdwood Downs Station, 26 AUD up	130
W5 T3	Ngumban Cliffs Lookout, free		360
W5 T4	Bungle Bungles	Spring Creek RA, free	300
W5 T5	Kununurra	Hidden Valley CP, 24 AUD up	250
W5 T6	Lake Argyle	Tourist Resort, 35 AUD p	70
W5 T7	Lake Argyle	Tourist Resort, 35 AUD p	0
W6 T1	Katherine	Low Level CP, 35 AUD p	500
W6 T2	Edith Falls	Edith Falls CA, 18 AUD up	70
W6 T3	Kakadu, Jabiru	Merl CA, 20 AUD up	310
W6 T4	Kakadu, Jabiru	Merl CA, 20 AUD up	0
W6 T5	Litchfield	Wangi Falls, 12.20 AUD up	350
W6 T6	Darwin	Shady Glen Tourist Park, 34 AUD up	170
W6 T7	Darwin	Holiday Inn Darwin, 200 AUD/Doppelzimmer	0
		Summe km:	6920

Perth – Darwin in 7 Wochen

Woche x Tag y	Etappenziel	Übernachtungshinweis	Tages-KM
W1 T1	Perth, Anreise + Stadttour, Emperor's Crown, www.**emperorscrown**.com.au/		100 AUD
W1 T2	Perth, Fremantle		0
W1 T3	Perth, Rottnest Island		0
W1 T4	Perth, Kings Park		0
W1 T5	Beverly	Beverly CP, 25 AUD p	150
W1 T6	Wave Rock	Wave Rock CP, 35 AUD p	250
W1 T7	Toodyay	Toodyay CP, 35 AUD p	330
W2 T1	Jurien Bay	Sandy Cape RP, 15 AUD up	280
W2 T2	Geraldton	Bel Air CP, 32 AUD p	210
W2 T3	Kalbarri	Wagoe Chalets 20 AUD up	140
W2 T4	Monkey Mia Resort, 30 AUD up		400
W2 T5	Shark Bay/Nanga Bay	Nanga Bay Resort, 30 AUD p	80
W2 T6	Vor Carnarvon	Edagee RA, free	200
W2 T7	Nach Carnarvon	Lake MacLeod RA, free	180
W3 T1	Coral Bay	Bay View CP, 39 AUD p	140
W3 T2	Coral Bay	Bay View CP, 39 AUD p	0
W3 T3	Coral Bay	Bay View CP, 39 AUD p	0
W3 T4	Exmouth/Cape Range	Yardie Homestead, 30 AUD p	180
W3 T5	Exmouth/Cape Range	Yardie Homestead, 30 AUD p	60
W3 T6	Barradale RA	free	240
W3 T7	Tom Price	R.I.P. Lookout, free	400
W4 T1	Karijini NP	Dales CA, 14 AUD up	80
W4 T2	Karijini NP	Dales CA, 14 AUD up	0
W4 T3	Point Samson	Samson Beach CP, 39 AUD p	450

W4 T4	Karratha	Nickol River Bridge, free	150
W4 T5	Cape Keraudren, 23 AUD up		340
W4 T6	80 Mile Beach	Munro Springs Station, 20 AUD p	330
W4 T7	80 Mile Beach	Barn Hill Station	20
W5 T1	Broome	Tarangau CP, 42 AUD p	150
W5 T2	Broome	Tarangau CP, 42 AUD p	0
W5 T3	Broome	Tarangau CP, 42 AUD p	0
W5 T4	Nillibubbica RA, free		100
W5 T5	Derby	Birdwood Downs Station, 26 AUD up	130
W5 T6	Ngumban Cliffs Lookout, free		360
W5 T7	Halls Creek	Halls Creek CP, 34 AUD p	200
W6 T1	Bungle Bungles	Spring Creek RA, free	100
W6 T2	Kununurra	Hidden Valley CP, 24 AUD up	250
W6 T3	Lake Argyle	Tourist Resort, 35 AUD p	70
W6 T4	Lake Argyle	Tourist Resort, 35 AUD p	0
W6 T5	Lake Argyle	Tourist Resort, 35 AUD p	0
W6 T6	Victoria River Roadhouse, 15 AUD up		300
W6 T7	Katherine	Low Level CP, 35 AUD p	200
W7 T1	Mataranka	Territory Manor, 30 AUD p	110
W7 T2	Edith Falls	Edith Falls CA, 18 AUD up	180
W7 T3	Kakadu, Jabiru	Merl CA, 20 AUD up	310
W7 T4	Kakadu, Jabiru	Merl CA, 20 AUD up	0
W7 T5	Litchfield	Wangi Falls, 12.20 AUD up	350
W7 T6	Darwin	Shady Glen Tourist Park, 34 AUD up	170
W7 T7	Darwin	Holiday Inn Darwin, 200 AUD/Doppelzimmer	0
		Summe km:	7590

Perth – Darwin in 8 Wochen

Woche x Tag y	Etappenziel	Übernachtungshinweis	Tages-KM
W1 T1	Perth, Anreise + Stadttour, Emperor's Crown, 100 AUD www.**emperorscrown**.com.au/		
W1 T2	Perth, Zoo		0
W1 T3	Perth, Fremantle		0
W1 T4	Perth, Rottnest Island		0
W1 T5	Perth, Kings Park		0
W1 T6	Perth, Shopping + Museen		
W1 T7	Beverly	Beverly CP, 25 AUD p	150
W2 T1	Wave Rock	Wave Rock CP, 35 AUD p	250
W2 T2	Toodyay	Toodyay CP, 35 AUD p	330
W2 T3	Yanchep	Club Capricorn, 26 AUD p	150
W2 T4	Jurien Bay	Sandy Cape RP, 15 AUD up	180
W2 T5	Geraldton	Bel Air CP, 32 AUD powered	210
W2 T6	Kalbarri	Wagoe Chalets 20 AUD up	140
W2 T7	Hutt River Province, 10 AUD up		110
W3 T1	Monkey Mia Resort, 30 AUD up		350
W3 T2	Shark Bay/Nanga Bay	Nanga Bay Resort, 30 AUD p	80
W3 T3	Vor Carnarvon	Edagee RA, free	200
W3 T4	Nach Carnarvon	Lake MacLeod RA, free	180
W3 T5	Coral Bay	Bay View CP, 39 AUD p	140
W3 T6	Coral Bay	Bay View CP, 39 AUD p	0
W3 T7	Coral Bay	Bay View CP, 39 AUD p	0
W4 T1	Exmouth/Cape Range	Yardie Homestead, 30 AUD p	180
W4 T2	Exmouth/Cape Range	Yardie Homestead, 30 AUD p	60
W4 T3	Barradale RA	free	240
W4 T4	Tom Price	R.I.P. Lookout, free	400
W4 T5	Karijini NP	Dales CA, 14 AUD up	80

W4 T6	Karijini NP	Dales CA, 14 AUD up	0
W4 T7	Point Samson	Samson Beach CP, 39 AUD p	450
W5 T1	Karratha	Nickol River Bridge, free	150
W5 T2	80 Mile Beach	Cape Keraudren, 23 AUD up	340
W5 T3	80 Mile Beach	Munro Springs Station, 20 AUD p	330
W5 T4	80 Mile Beach	Barn Hill Station	20
W5 T5	Broome	Tarangau CP, 42 AUD p	150
W5 T6	Broome	Tarangau CP, 42 AUD p	0
W5 T7	Broome	Tarangau CP, 42 AUD p	0
W6 T1	Nillibubbica RA	free	100
W6 T2	Derby	Birdwood Downs Station, 26 AUD up	130
W6 T3	Ngumban Cliffs Lookout, free		360
W6 T4	Mary Pool	free	80
W6 T5	Halls Creek	Halls Creek CP, 34 AUD p	110
W6 T6	Bungle Bungles	Spring Creek RA, free	100
W6 T7	Kununurra	Hidden Valley CP, 24 AUD up	250
W7 T1	Lake Argyle	Tourist Resort, 35 AUD p	70
W7 T2	Lake Argyle	Tourist Resort, 35 AUD p	0
W7 T3	Lake Argyle	Tourist Resort, 35 AUD p	0
W7 T4	Victoria River Roadhouse, 15 AUD up		300
W7 T5	Katherine	Low Level CP, 35 AUD p	200
W7 T6	Katherine	Low Level CP, 35 AUD p	0
W7 T7	Mataranka	Territory Manor, 30 AUD p	110
W8 T1	Edith Falls	Edith Falls CA, 18 AUD up	180
W8 T2	Kakadu, Jabiru	Merl CA, 20 AUD up	310
W8 T3	Kakadu, Jabiru	Merl CA, 20 AUD up	0
W8 T4	Litchfield	Wangi Falls, 12.20 AUD up	350
W8 T5	Darwin	Shady Glen Tourist Park, 34 AUD up	170

W8 T6	Darwin	Shady Glen Tourist Park, 34 AUD up	0
W8 T7	Darwin	Holiday Inn Darwin, 200 AUD/Doppelzimmer	0
		Summe km:	7690

Stations/Farm Stay

Wir haben im Vorfeld unserer Reise viel Zeit in die Suche nach Farmen gesteckt, da wir uns auf einer australischen Station das echte Outback-Gefühl erhofften und natürlich viele Tiere sehen wollten. Darüber hinaus freuten wir uns auf Ausritte, geführte Farmtouren, Quad-Bike-Touren und schöne Abende am Lagerfeuer. Leider waren unsere Erwartungen wohl doch zu hoch oder man hätte viel Geld in die Hand nehmen müssen, um solche Erlebnisse zu bekommen.

Die erste Farm auf unserer Strecke, die **Warroora Station** 60 km südlich von Coral Bay (www.warroora.com), mussten wir links liegen lassen, da man nur mit chemischer Toilette an Bord campen durfte (hatten wir nicht) und zudem die Zufahrtspiste in einem katastrophalen Zustand war – selbst die Camper mit 4WD haben hier geflucht.

70 km nördlich von Coral Bay steuerten wir dann die **Bullara Station** an (www.bullara-station.com.au). Tiere gab es leider kaum – lediglich ein paar müde Schafe und drei alte Pferde schlurften über die Farm. Die Touren auf der Farm hätte man eine Woche im Voraus buchen müssen, was sich bei einem Campingurlaub nur schwer machen lässt. Immerhin haben wir hier liebevoll hergerichtet Toilettenanlagen vorgefunden und einen schönen Abend bei Portwein am Lagerfeuer verbracht.

Wenige Kilometer weiter befindet sich die **Giralia Station** (www.giraliastation.com.au/), die wir nicht besuchten, weil wir nach den vielen Tagen am Meer endlich in die Berge im Landesinneren wollten.

Auf der Strecke Port Hedland – Broome fanden wir dann, dank eines Insidertipps, genau die Art von Farm, die wir gesucht hatten: die **Munro Springs Station**. Auf dem Gelände gab es Hunde, Pferde und Kühe, einen Swimmingpool, einen Stellplatz mit Strom und das alles zu einem fairen Preis. Die Farm nimmt nur wenige Camper am Tag auf, um einen nichttouristischen Charakter behalten zu können und ist über eine 2 km lange Sandpiste (gut befahrbar mit 2WD) erreichbar – der Abzweig befindet sich 3 km nördlich der Goldwire Rest Area. Lance, der die Farm seit Anfang 2012 für eine begrenzte Zeit bewirtschaftet, nimmt seine Gäste außerdem mit auf einen seiner täglichen „bore runs", bei denen er die Wasserstellen kontrolliert. Falls die Munro Springs Station bereits voll oder schon wieder geschlossen sein sollte, ist nur wenige Kilometer weiter die etwas touristischere, am Meer gelegene Barn Hill Station zu finden (www.barnhill.com.au/), die allerdings mehr Campingplatz als echte Farm mit Tieren ist.

Zwischen Fitzroy Crossing und Halls Creek befindet sich die **Lawarra Station**, die für Camper moderne Duschen, Toiletten und Spülbecken bietet. Die Tierwelt zeigt sich auch von der guten Seite: Unzählige Kakadus, viele Pferde und ein Kamel. Aktivitäten für Touristen wurden leider im Sommer 2012 keine angeboten, jedoch hat man zwei Wanderwege eingerichtet und ausgeschildert.

Die **Birdwood Downs Station** in der Nähe von Derby ist eine Pferdefarm, die sich auch dann als Übernachtungsplatz eignet, wenn man nicht die Gibb River Road fahren will oder kann – sie ist mit 2WD ohne Probleme zu erreichen. Bei den Ausritten sollte man vorher abklären, dass es sich nicht um einen Kinderritt handelt.

Die wohl bekannteste Station in WA soll hier nur kurz erwähnt werden, da sie im Jahr 2012 nicht mit 2WD zu erreichen war und auch nicht unbedingt den budgetbewussten Reisenden anspricht: der **El Questro Wilderness Park** (www.elquestro.com.au/).

Abschließend möchten wir noch eine Farm im Northern Territory empfehlen, die uns sehr gut gefallen hat: die **Mt. Bundy Station** in der Nähe von Adelaide River. Hier fanden wir einen Swimmingpool, unzählige Kängurus, Pferde, Büffel, Pfauen und andere Vögel. Es werden verschiedene Touren angeboten, z.B. eine Sunset Tour über die Farm. Ausritte werden ebenfalls angeboten, sie sind allerdings nach deutschen Maßstäben relativ teuer: 1 Stunde 65 AUD, 2 Stunden 120 AUD (www.mtbundy.com.au/).

baby	Baby
bub *(Kosewort)*	Baby
toddler/crawler	Kleinkind
formula	Milchpulver
feeding bottle	Milchflasche
porridge	Haferbrei
breast feeding	das Stillen
breast pump	Milchpumpe
nappy	Windel
to change the baby	wickeln
parent's room	Wickelraum
baby wipes	Feuchttücher
stroller	Kinderwagen
baby wrap, baby sling	Tragetuch
(baby) cot	Babybett
bassinet	Babykorb (kleines Babybett)
clinical thermometer	Fieberthermometer
to have temperature	Fieber haben
teething ring, teether	Beißring
dummy	Schnuller
teething	das Zahnen
cuddly toy	Kuscheltier
parental leave	Elternzeit
peep-bo	Gugus-Da (Spiel)
hide and seek	Versteckspiel
baby monitor	Babyphon

Bildergalerie

Der Kindersitz muss auf der Rückbank am Ankerpunkt befestigt werden.

Am endlosen 80-Mile-Beach!

Planschen in
Coral Bay

Outback in
der Nähe von
Timber Creek

Die ersten
Schritte am
Strand von
Mindil Beach

Hier eine Liste der häufigsten Fragen, die uns vor der Reise gestellt wurden und unsere Antworten darauf (die Fragen sind absteigend nach Häufigkeit notiert):

1. Nehmt ihr eure Tochter mit? –> Was ist denn das für eine Frage?? Natürlich!!

2. Was macht ihr mit eurer Tochter auf dem Flug? –> Wir haben ja extra die Sitzplätze gebucht, wo die Babybetten der Airline genutzt werden können (in der Mitte hinter der Trennwand) – darin kann sie hoffentlich schlafen (sofern sie nicht mehr als 11 kg wiegt; auf dem Hinflug kein Problem), sonst ist sie bei uns auf dem Schoß.

3. Hat sie einen eigenen Sitzplatz? –> Einen eigenen Platz haben wir für sie nicht gebucht – dieser macht unseres Erachtens nur Sinn, wenn dadurch die Sicherheit des Kindes erhöht wird, wir dann also auch eine Babyschale im Flugzeug verwenden würden. Da die deutsche Babyschale aber in Australien nicht genutzt werden darf und uns damit vor Ort nur behindern würde, war diese Option für uns weniger interessant.

4. Kostet der Flug etwas, wenn das Baby keinen eigenen Sitzplatz hat? –> Je nach Airline verschieden; bei Qantas kostet der Flug für ein Baby ohne eigenen Sitzplatz 10% des Erwachsenenpreises zzgl. Steuern u. Gebühren.

5. Wie habt ihr es geschafft, dass ihr Zeit für eine 2-monatige Reise habt? –> Wir sind beide in dieser Zeit in Elternzeit, diese muss man lediglich beim Arbeitgeber rechtzeitig beantragen.

6. Nehmt ihr einen Buggy mit? –> Nein, wir besitzen noch keinen und können bei Bedarf einen vor Ort kaufen.

7. Was kostet denn so ein Camper pro Tag? –> ca. 65 AUD, dazu kommt natürlich noch Benzin etc.

8. Kauft ihr dann in Australien Gläschen mit Babynahrung, damit eure Tochter auch was zu Essen hat? –> Jein, wir schauen uns das Sortiment dort sicherlich an und kaufen wohl auch etwas, doch da sie in Deutschland auch kaum Gläschen isst, brauchen wir das dort auch nicht anfangen.

9. Nehmt ihr auch ein Handy mit auf die Reise? –> Ja, allerdings sind wir uns der Tatsache bewusst, dass wir in Westaustralien selten Empfang haben werden.

10. Wie ist das Wetter in Australien? –> Wenn wir dort ankommen, ist in Australien Winter und zugleich Trockenzeit; die Monate Juni/Juli bieten sich daher gerade für eine Reise durch Westaustralien an: die Trockenzeit macht alle Straßen passierbar und der Winter sorgt dafür, dass es nicht übermäßig heiß ist (selbst in Darwin kühlt es dann nachts meist auf unter 20 °C ab). Das heißt, dass wir auch warme Kleidung einpacken werden – am Anfang in Perth rechnen wir mit Wetter, wie wir es im Moment auch aus Deutschland kennen (ca. 5-25 °C) und aus den Wettervorhersagen und den Erfahrungen von der letzten Australienreise wissen wir, dass es auch an manchen Orten unterwegs nachts empfindlich frisch werden kann. Insgesamt aber sollte es wärmer werden, je weiter wir nach Norden reisen.

11. Wann seid ihr denn auf die Idee gekommen, diese Reise zu machen? –> Das war schon ziemlich zu Beginn der Schwangerschaft, als wir uns überlegten, wie wir die Betreuung organisieren wollen und dabei feststellten, dass wir beide ja auch mindestens 2 Monate gleichzeitig Elternzeit nehmen könnten.

Hier eine Liste der wichtigsten Fragen, die *uns* vor der Reise beschäftigt haben. Oft vergisst man ja bald nach der Reise wieder, wie aufwändig die Reisevorbereitungen waren oder lacht herzlich darüber, welchen Fragen man vorher so viel Aufmerksamkeit gewidmet hat – daher an dieser Stelle eine Auflistung:

1. Wann buchen wir die Flüge? –> Sobald die Flüge verfügbar sind (ca. 6 Monate vor der Reise), damit wir noch die Sitzplätze bekommen, die Familien extra viel Platz bieten (und auch Platz haben für ein kleines Babybett der Airline) – angeblich sind diese sehr gefragt.
2. Wann buchen wir den Camper? –> Sobald die Flugdaten fix sind.
3. Welche Pässe brauchen wir? –> Für uns Eltern Reisepässe, die noch 6 Monate gültig sind. Für unsere Tochter den normalen Kinderreisepass.
4. Welche Versicherungen sind nötig?
   –> Eine Reiserücktrittsversicherung (für Stornokosten Flug + Camper)
   –> eine Auslandsreise-Krankenversicherung; da unsere Reise genau 70 Tage dauert, war für uns das Angebot der Debeka interessant, da diese als einziger Anbieter auch Reisen von dieser Dauer (max. 70 Tage) im Standardtarif versichert (meist endet die Versicherung nach dem 42. Tag der Reise und jeden zusätzlichen Tag muss man extra bezahlen).
   –> nicht nötig: eine Selbstbehalt-Ausschluss-Versicherung für den Camper, da diese nur Schäden deckt, die auch die Standardversicherung des Vermieters übernimmt. Die häufigsten Schäden sind in Australien Glas- und Reifenschäden; diese wären damit dennoch nicht gedeckt. Falls ein größerer Schaden eintritt, müssen wir allerdings den Selbstbehalt von 1000 AUD selbst tragen.

5. Darf man eine deutsche Babyschale nach Australien mitnehmen und dort im Auto/Camper benutzen? –> Nein, es sind nur australische und neuseeländische Kindersitze zugelassen (www.crep.com.au). Isofix ist in Australien kein zugelassenes System, den Kindersitz nur mit Gurt anschnallen ist auch nicht erlaubt.

6. Nehmen wir einen Kinderwagen mit? –> Nein. Nimmt uns zu viel Platz weg (hauptsächlich im Camper). Ohnehin werden wir Jonna voraussichtlich viel im Tragetuch tragen – das passt überall rein, und kann von uns beiden bequem vorm Bauch und auf dem Rücken getragen werden. Wenn wir in Australien unbedingt ein Fahrgestell wollen, kaufen wir uns dort eins.

7. Nehmen wir ein Babybett mit? –> Ja, das Deryan Reisebett (ca. 2 Kilo, Moskitonetz integriert).

8. Wie schaffen wir es, unser Technik-Equipment im Outback mit Strom zu versorgen –> Wir haben Kfz-Ladegeräte + Ersatzakkus für die meisten Geräte besorgt.

9. (Wann) wollen wir eine Detailplanung der Reise vornehmen? –> Das haben wir ca. 6 Wochen vor Beginn der Reise gemacht, da wir nur dadurch wissen können, wie viele Tage uns nach Abzug der Fahrtage und der ohnehin schon geplanten Aktivitäten zur flexiblen Nutzung bleiben – klingt vielleicht widersprüchlich, aber ein Plan macht uns flexibel! Bis dahin wussten wir nur, dass wir in Perth ankommen, von Darwin abfliegen und die Reise in der Zeit locker machbar ist.

10. Wie weit wollen wir täglich fahren? –> Wir wollen am Tag möglichst nicht mehr als 4 Stunden fahren. Als Durchschnittsgeschwindigkeit haben wir 70 km/h veranschlagt. Wir wollen auch öfter mal 2-3 Nächte an einem Ort bleiben.

11. Was essen wir, wenn wir mal wirklich über 1-2 Wochen in keine größere Stadt kommen? –> Da wird uns

schon noch etwas einfallen. Was wir sicherlich immer reichlich in den großen Supermärkten kaufen werden, ist Wasser.

12. Wann weihen wir unsere Eltern in unsere Australien-Pläne ein, wann unsere Freunde, wann die Arbeitskollegen (und was ist, wenn man mit Arbeitskollegen befreundet ist ... ja auch das soll vorkommen ...) –> Unseren Eltern haben wir es gesagt, nachdem die Flüge gebucht waren. Unsere Freunde waren kurz danach dran. Bei den Arbeitsfreunden und -kollegen war es schon schwieriger – schließlich wollten wir vermeiden, dass unsere Pläne bereits bekannt werden, bevor der Papa offiziell den Arbeitgeber über seine Elternzeit informiert hat. Papa hatte dann letztlich aber so viel Vertrauen in seinen Arbeitgeber, dass er einen Zwischenweg gewählt hat.

Auf diese Fragen fanden wir erst auf der Reise eine Antwort:

1. Brauchen wir an der Westküste zum Schnorcheln Neoprenanzüge? -> Nein, wir haben im Juni/Juli keine Neoprenanzüge/wet suits gebraucht. Das Wasser war zwar erfrischend kühl, aber nicht eiskalt. Und die Stingersaison war ab Anfang Juni offiziell vorbei. Allerdings haben wir ein einziges Mal eine rosa Qualle mit langen Tentakeln beim Schnorcheln gesehen – da wird einem dann doch etwas mulmig. Wer auf Nummer sicher gehen will, kann sich ja einen Anzug kaufen oder leihen. An dem einen oder anderen belebten Strand in Coral Bay oder Broome fällt man mit Ganzkörperanzug dann aber sicherlich etwas auf.

2. Müssen wir an manchen Orten den Campingplatz vorbuchen? -> Ganz klar NEIN, wenn man, wie wir, seinen Urlaub flexibel halten will. Ja, wenn man auf Strom (power) angewiesen ist oder erst abends an einem sehr beliebten Ort eintrifft. Wir haben inner-

halb von 9 Wochen nur zwei Mal vorge-
bucht/versucht vorzubuchen: Cape Range NP (buchen war nicht erfolgreich, siehe weiterer Blogeintrag
dazu auf Seite 88) und in Broome. Dort haben wir uns
von anderen Campern (vor allem den Australiern)
verrückt machen lassen, die meinten, in Broome
müsse unbedingt reserviert werden. Wir haben aber
die Erfahrung gemacht, dass man fast überall etwas
bekommt, wenn man zeitig ankommt (bis 14 Uhr) –
auch in Broome.

23. Mai 2012 – Es kann losgehen!

Die Koffer sind gepackt. Die Wohnung geputzt. Das Kind gewi-
ckelt. Australien kann kommen!

Jeweils 24 Kilo bringen unsere beiden Koffer auf die Waage,
Jonna muss eine 10 Kilo-Tasche tragen – ich werde ihr aber
wohl dabei helfen müssen. Damit sind wir dieses Mal insgesamt 2 Kilo über der Freigepäck-Grenze für Aufgabe-Gepäck
und hoffen, dass damit nicht schon ein Übergepäck-Zuschlag
erhoben wird … wir werden sehen.

Abflug in Frankfurt: 23.05.2012, 22:20 Uhr.

Umsteigen in Singapur (3 Stunden Aufenthalt). Die Frisur hält.

In Perth werden wir am 25.05.2012 um 00:30 Uhr landen. Falls
wir zufällig noch den Aiport Bus bekommen (Perth Airport
Shuttle: 32 AUD/2 persons; 35 AUD/family; Abfahrt letzter
Bus: 1am), dann nehmen wir den natürlich, da er billig ist und
uns direkt ans Hotel bringt. Ansonsten müssen wir ein Taxi
nehmen – da stellt sich dann die Frage, ob es Taxis mit Baby-
schale/Kindersitz gibt?

Auf Nachfrage beim Emperor's Crown Backpackers ist die
Rezeption 24h verfügbar. Der Nachtportier wird hoffentlich
unser Klingeln hören.

Das sind viele spannende Fragen, die das Reisen so mit sich bringt. Und das Reisen mit Kind wirft nun eben ein paar Fragen mehr auf. Auf ins Abenteuer!

Nachtrag 14.10.2012

Der letzte Airport Bus fährt auch nach 1 Uhr noch vom internationalen Terminal ab - laut aktuellem Fahrplan offiziell um 2:15 Uhr (www.perthairportconnect.com.au/pac/index.php/timetable/airport-to-perth-city).

In unserem Fall fuhr sogar noch ein Bus um 1:30 Uhr, also direkt nach unserer Landung. Der Fahrer teilte uns mit, dass eigentlich immer gefahren wird, wenn entsprechender Bedarf besteht.

Perth

25. Mai 2012 – From Wörth to Perth

Der Weg zum Flughafen

Vorgestern war es so weit: um 22:20 Uhr ging unser Flug mit Qantas von Frankfurt nach Australien mit Zwischenstopp in Singapur. Wir hatten ein Rail-and-Fly-Ticket gebucht, so dass wir einfach mit all unserem Gepäck von der Haustüre aus loslaufen konnten. Am Wörther Bahnhof passierte dann, was bei den öffentlichen Verkehrsmitteln leider öfter mal passiert: der Anschlusszug nach Karlsruhe hatte 25 Minuten Verspätung. Also mussten wir auf einen anderen Zug ausweichen und unsere Umsteigezeit verkürzte sich damit von den geplanten 20 auf 6 Minuten. Mit dem vielen Gepäck hatten wir schon ein wenig Bedenken, den ICE rechtzeitig zu erreichen und sahen uns bereits mit dem nächsten ICE mit einer Stunde Verzögerung nach Frankfurt fahren. Während wir in Wörth am Bahnhof unsere Alternativen durchgingen, kamen wir mit einem weiteren Wartenden ins Gespräch, der ebenfalls nach

Karlsruhe wollte. Als wir ihm erzählten, dass wir auf dem Weg nach Perth (das in Australien, nicht in Schottland!) sind, schaute er uns ungläubig an und meinte, er selbst sei aus Adelaide und er arbeite seit ein paar Jahren in Wörth. Wir unterhielten uns dann eine Weile über Australien und Deutschland und wie verschieden die Länder sind. Ihm war etwas schleierhaft, warum wir einen so langen Flug auf uns nehmen, nur um Städte wie Perth und Darwin und dazu das australische Outback zu besuchen. Da gibt es doch nix ...

In Karlsruhe angekommen, haben wir unseren Anschluss-ICE dann doch noch pünktlich erreicht und waren somit frühzeitig am Flughafen. Dort war der Check-In-Schalter schon früh geöffnet und wir konnten unser Gepäck ohne Probleme aufgeben (yippie – unsere Taschen waren insgesamt noch innerhalb der Freigepäckgrenze!).

Der Flug

Nach einer ruhigen Wartezeit am Flughafen durften wir als Familie mit kleinem Kind tatsächlich als ERSTES ins Flugzeug! Das war mal ein ganz neues Gefühl. Da die Maschine nicht ausgebucht war, hatten wir die 4 Sitzplätze hinter der Trennwand für uns alleine. Dass wir mehr Platz zur Verfügung hatten, hat die Reise schon etwas bequemer gemacht, da genau diese Plätze zwar über ein eingebautes Babybett verfügen, aber keinen Stauraum für Handgepäck im Fußraum haben – so konnten wir wichtige Dinge dann doch immer in Reichweite haben. Viel brauchten wir allerdings nicht, da die Kleine schon vor Abflug eingeschlafen war – wir konnten sie sogar in das Babybett legen. Wäre sie nicht durch das Personal mehrfach kurz wach geworden (die Stewards haben sich uns einzeln vorgestellt und ihre Hilfe angeboten – sie wollten in Babybelangen bei allem Helfen, nur beim Wickeln bitte nicht) und hätte man auf das Anschnallen des Kindes bei uns auf dem Schoß verzichten können, hätten wir wahrscheinlich auch beide auf dem Flug recht gut geschlafen. So war die Nachtruhe immer wieder kurz unterbrochen und nach 8 Stunden Flug hat

Jonna dann beschlossen, dass es nun Zeit zum Aufstehen und Spielen ist. Also wurde auf den freien Sitzen und auf dem Boden gespielt.

Die 12 Stunden bis Singapur verliefen insgesamt recht angenehm – die späte Abflugzeit war für Jonnas Schlafrhythmus genau passend. Nach einem Aufenthalt in Singapur von etwa 3 Stunden (hier konnte sich Jonna im Wartebereich endlich krabbelnd austoben), ging es weiter nach Perth. Dieser Flug dauerte dann nur noch knapp 5 Stunden. Hier mussten wir schon etwas mehr für Unterhaltung sorgen, damit die Kleine bei Laune blieb. Die neu gekauften Spielzeuge, die wir ihr nacheinander anboten, verloren leider nach recht kurzer Zeit schon wieder ihren Reiz; besser fand sie da schon die Kopfhörer, die von der Airline ausgegeben wurden.

Fazit nach insgesamt 17 Stunden Flug und 3 Stunden Stopover: Wenn das Baby schlafen kann, ist alles gut. Wir mussten uns auch weniger wegen eines lauten Babys genieren als befürchtet (ja, irgendwie ist die Vorstellung nicht angenehm, ein halbes Flugzeug vom Schlafen abzuhalten), da Jonna insgesamt ja recht brav war und der Fluglärm die meisten Babylaute ohnehin verschluckte.

Die Ankunft in Perth

Landung, Zollabfertigung und Bustransfer direkt zum Hotel liefen ideal für uns. Die Koffer kamen ohne langes Warten am Gepäckband an und mussten nicht noch einmal durchleuchtet/ausgepackt werden, weil man unseren Einfuhrangaben nach kurzen Nachfragen bezüglich Babynahrung zu Recht voll vertraute. Nachdem wir gegen 1:30 Uhr das Flughafengebäude verlassen hatten, fuhr auch schon der Bus – es gab unverhoffter Weise doch noch nach 1 Uhr nachts weitere Shuttlefahrten in die Stadt. Die Fahrpläne, die man im Internet findet, stimmen also nicht zu 100%. Ein Bild von Perth konnten wir uns auf der Fahrt zur Unterkunft bei Dunkelheit nur schlecht machen – die 1,4 Millionen Einwohner schliefen schon.

Als wir an unserer Unterkunft ankamen, war der Hoteleingang beleuchtet und der Nachtportier hat sofort geöffnet – ein banges Warten vor verdunkelten, verschlossenen Türen (wie andere Backpacker in anderen Hostels) blieb uns erspart. Der schwierigste Part war nun, die hellwache Jonna davon zu überzeugen, dass nach der neuen Uhrzeit (2:30 Uhr) Schlafen angesagt war. Naja, um 4 war sie dann im Träumeland.

Der erste Tag in Perth

Gemütliches Ausschlafen bis 10:30 Uhr. Ja, so was nennen junge Eltern Ausschlafen! Jonna hätte gerne noch länger geschlafen, aber wir haben sie geweckt, um die Stadt gemeinsam zu erkunden. Zuerst haben wir noch im hosteleigenen Café gebruncht und dann vorm Einkaufen (–> Essen für Jonna) Geld geholt (puh, PIN funktioniert...). O-Ton Hostel-Manager: "Deutsche Visakarten gehen komischerweise öfters nicht" ... am Automaten hat es aber gut geklappt. Dann gab es noch einen Stadtbummel durch die Fußgängerzone und zum Hafen, im Anschluss eine Stadtrundfahrt mit der blauen kostenlosen Buslinie.

Jetzt sind wir nach einem kostenlosen BBQ in gemütlicher Runde im Backpacker wieder auf dem Zimmer und schauen nebenbei das Halbfinale des Eurovision-Songcontests. Die russischen Omas sind ja mal krass ...

27. Mai 2012 – Perth und Freo

Nach einem schönen Tag in Fremantle sind wir wieder in unserer Unterkunft angekommen, lassen Jonna auf dem Boden spielen und schauen nebenbei die Übertragung des Eurovision Songcontests (ist aber nicht live). Der Tag heute verlief recht gemütlich, wir haben bis nach 9 Uhr geschlafen und sind dann mit dem Zug nach Fremantle gefahren – ursprünglich wollten wir mit dem Schiff dorthin fahren, aber da hat uns die frühe Abfahrtszeit und Rückkehr (es gibt nur wenige Verbindungen am Tag) nicht so recht gepasst, außerdem wäre es fünfmal so teuer gewesen. So sind wir 30 Minuten hingefahren und haben uns als erstes zu den Markets gemacht, wo man hauptsächlich Souvenirs und frisches Obst und Gemüse kaufen kann. Wir haben uns für ein Glas Parrotbush Honey und eine Früchtebox entschieden. An einem Straßenstand haben wir noch ein Set Flöten gekauft, mit denen man SÄMTLICHE australische Vögel imitieren kann ... ich fürchte, da müssen wir noch den ganzen Urlaub über üben, bis ein Vogel auf unsere Imitationsversuche hereinfällt.

Nach den Markets sind wir zum Hafen und haben ganz klassisch Fish'n Chips mit Essig und Salz gegessen. Auf der einen Seite war das Restaurant zwar auf ganzer Linie auf Massentourismus ausgerichtet, auf der anderen Seite hat die Lage direkt am Meer, die Countryband und das sonnige Wetter für eine absolut entspannte Atmosphäre gesorgt. Ein kurzer Spaziergang am Strand hat die Mittagspause abgerundet.

Danach ging es zum Fremantle Prison, einem ehemaligen Gefängnis, das bis 1991 noch als Hochsicherheitsgefängnis in Betrieb war. Dort haben wir eine Führung mitgemacht und uns vorgestellt, wie es wohl so in Einzelhaft, in Sektion 4 (Gewaltverbrechen), auf dem Gefängnishof oder beim Henker gewesen sein mag. Sicher nicht ganz so schön – das Gefängnis wurde übrigens wegen der nicht mehr zeitgemäßen sanitären Anlagen geschlossen. Zwei Mann teilten sich nachts einen Topf.

Gestern waren wir in South Perth im Zoo. Dorthin sind wir mit der Fähre gefahren, das ging flott. Im Zoo hatten wir die erste Begegnung mit einheimischen Tieren, was uns mit am besten gefallen hat. Trotz Wochenende ging es recht ruhig zu. Und obwohl die Anlagen für die Tiere recht großzügig angelegt sind, hat man doch viele Tiere direkt vom Weg aus beobachten können. Im asiatischen Bereich haben wir die Elefantenshow angeschaut. Jonna hat sich aber mehr für das Publikum interessiert als für die Elefanten.

Abends haben wir noch probiert, unseren ersten Blogeintrag über die Anreise per Mail hochzuladen, was aber irgendwie nicht klappen wollte, was wohl an irgendwelchen Konfigurationen lag (zu Hause hat's doch immer geklappt ...!) – wir haben den Artikel dann später direkt bei WordPress eingefügt. Danach wollten wir den Tag mit einem schönen Abendessen ausklingen lassen. Martina wollte gerne asiatisch essen gehen und so sind wir in einem Chinesen um die Ecke gelandet. Dort gab es gutes Essen: Jiaozi, gebackene Krabben, Gongbao Jiding, Schweinefleisch süß-sauer usw. Jonna war super gut drauf und hat zur Karaokemusik gewackelt und gestrahlt. Sie hat eine riesen Sauerei hinterlassen, aber das machen die Chinesen auch nicht anders.

29. Mai 2012 – Fahrradpanne auf Rotto

So, erst einmal den Muschelsand aus den Schuhen kippen und von den Füßen waschen – gar nicht so einfach, besonders an den Stellen, wo sich der Sand mit der Sonnencreme (LSF 50+) vermischt hat.

Wir sind heute nach einem schönen, recht sportlichen Tag von Rottnest Island zurückgekehrt. Rottnest Island ist eine Insel im Indischen Ozean, die mit der Fähre in etwa 1 1/4 Stunden von Perth aus erreichbar ist, und die von Holländern 1696 so benannt wurde, da sie die dort lebenden Quokkas (kleine Baumkängurus) für große Ratten hielten. „Rotto" wird die Insel gerne von Einheimischen genannt und ist ein beliebtes Ausflugsziel; da die Insel in der warmen Leeuwin Strömung liegt, kann man dort das ganze Jahr über baden und schnorcheln, es gibt dort auch jede Menge Fische.

Rotto heißt außerdem auf Italienisch „kaputt" und damit sind wir wieder bei unserem heutigen Ausflug. Wir sind mit dem Zug zunächst nach Fremantle gefahren und erst dort in die Fähre nach Rottnest gestiegen, um die Fährfahrt ein wenig zu verkürzen und länger auf der Insel bleiben zu können (positiver Nebeneffekt: war so außerdem billiger; gespart haben wir allerdings schon dadurch, dass wir Dienstags gegangen sind und im Internet vorgebucht haben – Dienstag und Donnerstag ist Spartag (50%)). Auf der Insel haben wir dann 2 Fahrräder und einen Fahrradanhänger ausgeliehen und sind losgefahren. Das macht auf der Insel Spaß, denn sie ist autofrei (naja, es fährt ein Bus und ab und zu ein Ranger) und nur leicht hügelig. Wir haben also öfter mal gestoppt, gegessen und geschnorchelt. Bei einem steileren Hügel sprang leider beim Schalten an Martinas Fahrrad die Kette herunter und wir haben es einfach nicht selbst geschafft, sie wieder drauf zu bekommen; also die Vermietstation angerufen und gewartet, dass ein Auto mit Ersatzfahrrad kommt. Inzwischen war sicher schon eine halbe Stunde vergangen. Jonna hat in der Zeit im Anhänger geschlafen – die Zeit hätten wir eigentlich gerne genutzt, um die Insel weiter zu umrunden. Irgendwann hat Martina noch einmal ein wenig an dem Reifen gedreht … und die Kette ging plötzlich doch wieder drauf! Also wieder die Vermietstation angerufen und weitergefahren. An der nächsten Kreuzung hat uns aber doch das Auto mit dem Ersatzfahrrad eingeholt und der freundliche Mitarbeiter tauschte das Fahrrad sicherheitshalber aus. Inzwischen waren wir etwa 1 h im Rückstand. Die übrige Zeit sollte dennoch reichen, um die Insel noch fertig zu umrunden (wir wollten nicht die Abkürzung durch die Inselmitte nehmen). Obwohl wir das Gefühl hatten, die Letzten auf dem Weg zurück zur Fähre zu sein (wo sind denn alle anderen?!), machten wir unterwegs noch einige Stopps: der erste war mitten in der Pampa bei einem Quokka, das so zutraulich war, dass Michael es sogar anfassen konnte und die nächsten Stopps mussten wir notgedrungen einlegen, da Jonna plötzlich ein solch großer Hunger überkam, dass dieser weder mit 2 Reiswaffeln noch mit einer halben Banane bekämpft werden konnte. Erst ein halbes Brötchen hat es uns ermöglicht, in Ruhe zurück zur Fähre fahren zu können. Wir kamen schlussendlich etwa 15.45 Uhr an der Fahrradabgabestation an und hatten dann noch etwa 15 Minuten, bis das Boarding für die

Fähre begann. Wir waren also noch völlig im Zeitrahmen. Da wir unterwegs aber nie sicher waren, ob wir es noch in der Zeit schaffen, waren wir am Ende schon etwas erleichtert – denn was die Alternative zur letzten Fähre sein könnte, wollten wir uns nicht vorstellen.

Gestern waren wir in Perth unterwegs, dabei die meiste Zeit im Kings Park – der Kinderspielplatz dort ist riesengroß und Jonna hat es super gefallen. Wir sind im Kings Park auch durch naturbelassenen Wald spaziert und waren wirklich beeindruckt von der Größe des Parks – wir haben dort fast niemanden unterwegs gesehen. Weiter oben beim Botanischen Garten war dann schon mehr los.

Die Zeitumstellung haben wir spätestens heute endgültig geschafft. Wir sind alle schon um 7 aufgestanden und waren trotzdem einigermaßen fit.

31. Mai 2012 – Blogger unter sich

Heute waren wir erneut in Fremantle unterwegs. Bei ihren Recherchen für unsere Australienreise hatte Martina auch verschiedene Blogs nach wertvollen Informationen durchforstet. Dabei ist sie auf den Blog des Wawaclans gestoßen, einer kürzlich nach Australien ausgewanderten deutschen Familie, die während ihrer Elternzeit ebenfalls Australien bereist hatte (www.wawaclan.wordpress.com). Es entstand schon im Vorfeld ein netter Kontakt und nach der ersten Eingewöhnungsphase in Perth haben wir die Wawas nun wieder kontaktiert. Obwohl Mutter und Kind momentan krank waren, hat sich das „Clanoberhaupt" für uns extra einen halben Tag Zeit genommen und uns Ecken in Fremantle gezeigt, die wir sonst nicht erreicht hätten. Am Point Walter konnten wir auf einer Sandbank einige Meter auf den Swan River hinauslaufen. Danach sind wir an der Strand-Promenade entlanggeschlendert und haben Jonna auf einem Spielplatz sandeln lassen. Über uns fegte immer wieder ein Schwarm Kakadus durch und in den Bäumen hörte man das Lachen eines Kookaburra. Das Wetter war heute zum ersten Mal nicht strahlend schön – aber nass wurden wir nicht, da wir rechtzeitig wieder weiterfuhren. Nach einer Rundfahrt am beliebten Cottesloe Beach vorbei haben wir noch einen Halt an einem Aussichtspunkt eingelegt, von dem man einen super Blick auf den Swan River und im Hintergrund die Skyline von Perth hatte. Mittlerweile hat es sich aber eingeregnet und langsam wird uns klar, dass wir mit dem Wetter bisher doch ziemliches Glück hatten.

Gestern haben wir uns mit Dingen beschäftigt, die wir auf jeden Fall noch in der Zivilisation besorgen wollten: Australische Handynummer, Internetstick, Straßenkarten und Campingplatzführer (unsere Bibel „Camps 6" – die wird uns noch viele viele Dollar sparen), Postkarten, Shoppen (Harbour Town Outlet Center – empfehlenswert!)... Abends sind wir dann noch italienisch essen gegangen, und zwar beim laut Werbung besten Pizzabäcker der Welt, der auch schon für den Papst Pizza gemacht hat. Die Auszeichnung hat er übrigens im Jahr 2000 bekommen, wie wir rausgefunden haben. Man muss aber ehrlich sagen, die Pizza war wirklich lecker! Und der rote und weiße (!) Lambrusco auch. Jonna hat eine eigene Mini-Pizza bekommen – alles war eigentlich bestens. Nur leider haben die Italiener zwei kleine Fehler gemacht – erst hat die Chefin gedacht, sie dürfte Jonna einfach so anfassen – gaaanz schlechte Idee, weil Jonna dann wie am Spieß schreit. Als sie sich wieder beruhigt hatte, kam der Kellner mit den Pizzen und ist an Jonnas Stuhl hängen geblieben – und schon ging die Sirene wieder an.

Morgen holen wir unseren Camper ab und der nächste Teil der Reise kann beginnen. Wir werden uns zunächst in östlicher Richtung zum Wave Rock/Hyden begeben und nach 1-2 Übernachtungen zurück an die Westküste kommen. Dann geht's ab in den Norden, der Sonne hinterher – eyo was geht!

1. Juni 2012 – Das Campen beginnt

Die erste Nacht im „Campi" steht vor der Tür - so haben wir schon 2005 unseren Campervan genannt. Wie wir selbst hat sich auch unser Fahrzeug weiterentwickelt. Der kleine Toyota Hiace hat ein SLWB im Namen dazubekommen. Das bedeutet konkret, dass er etwas breiter und länger ausfällt. Die genauen Maße habe ich nicht parat, aber man merkt es schon deutlich, wenn man in den Rückspiegel schaut: man muss sich anstrengen, um das hintere Ende erkennen zu können. Weitere kleine aber feine Details haben sich geändert:

1) Man muss nicht mehr manuell pumpen, damit Wasser aus dem Wasserhahn kommt – das geht nun elektrisch.
2) Die Zentralverriegelung erspart das abendliche Knöpfchen runter machen an sämtlichen Türen.
3) Wir haben eine Leiter dabei, um in den 2.Stock zu kommen.
4) Ein CD-Player ist integriert. 2005 haben wir einen externen Player auf dem Schoß gehabt und bei jeder Bodenwelle sprang die CD zurück.
5) Mehr Lichter im Wagen und ein zusätzliches seitliches Außenlicht ermöglichen das Abendessen im Freien in tiefster Nacht (also nach 18 Uhr).
6) Die Stauräume sind zwar immer noch sehr begrenzt (es gibt keinen Kofferraum), aber wir haben unsere Reisetaschen dieses Mal in die zwei größten Holz-Boxen reinquetschen können. Bei der letzten Australientour mussten die Taschen nachts immer auf die Vordersitze gehievt werden.
7) Die seitliche Schiebetür ist nun bequem erreichbar, ohne dass man über das halbe Bett und seine Bettnachbarn drübersteigen muss.
8) Wenn man versehentlich das Licht anlässt, ertönt ein Summton. Somit bleibt uns dieses Mal hoffentlich eine leere Batterie erspart, weil mal wieder jemand das Licht hat brennen lassen.

Weitere Details werden uns sicher in den nächsten Tagen und Nächten noch auffallen.

Wir stehen gerade übrigens auf dem Beverly Caravan Park. Beverly ist ein kleines Städtchen mit 1700 Einwohnern östlich von Perth mitten im Weizengürtel. Die Landschaft ist geprägt von Weizenfeldern, Schafherden, kleinen Hügeln mit ansehnlichen Steinformationen und der typisch roten Erde am Straßenrand. Schon der erste Tag liefert uns das erhoffte Australienfeeling, obwohl wir noch so nah an der Millionenstadt Perth sind (ich muss übrigens einen früheren Blogeintrag korrigieren, Perth hat wohl schon über 2 Millionen Einwohner und jeden Tag kommen 100 neue dazu). Nach der Camperübernahme und einem Großeinkauf in The Galleria Morley (etwa 5 Mal größer als das Ettlinger Tor in Karlsruhe) haben wir gegen 13.30 Uhr der Großstadt Perth den Rücken gekehrt und gleich den ersten Nationalpark angefahren, um Picknick zu machen (John Forrest NP). Beim Picknick haben wir es dann belassen (keinen Spaziergang mehr zu den Wasserfällen), weil wir heute eigentlich bis Brookton kommen wollten. Da wir aber aus dem letzten Urlaub gelernt hatten, dass die Sonne schon um halb 6 untergeht und es danach nicht mehr wirklich Spaß macht, auf der Straße unterwegs zu sein und einen Campingplatz im Dunkeln zu suchen, haben wir bereits in York den Caravan Park angefahren. Dort wollte man aber für einen Stellplatz ohne Strom (unpowered site) 34 Dollar haben – das kam uns dann doch übertrieben vor. Also ging es weiter nach Beverly und hier passt alles bestens. 25 AUD mit Stromanschluss für den Camper. Moderne Toiletten und Duschen und ein Grillplatz mit Küche sind dabei. Im IGA Supermarkt um die Ecke habe ich noch mein Sixpack VB bekommen und mich dann ans Zubereiten unseres Abendessens gemacht: Gefüllte Hähnchenbrust mit grünem Salat – lecker war's!

2. Juni 2012 – Oben auf der Welle ist's am Schönsten

In Beverly sind wir morgens bei Nieselwetter aufgestanden und haben das Duschen auf abends verschoben, weil es sowohl im Camper als auch in den Duschen gefühlte 5 °C hatte und es uns damit einfach viel zu kalt war. Die erste Nacht im Camper war angenehm, dank der warmen Decken haben wir trotz der niedrigen Temperaturen nicht gefroren. Obwohl wir schon um 7 Uhr aufgestanden sind, kamen wir dann doch erst gegen 10 Uhr weg, weil es noch eine Weile gedauert hat, bis wir erst alles Nötige gefunden und nach Verwendung auch wieder weggepackt hatten. Die nötigen Routinen müssen wir erst noch einüben, dann geht's sicher auch bald schneller!

Auf dem Weg zum Wave Rock haben wir einen Stopp am Gorge Rock eingelegt, wo wir picknickten und eine kleine Runde bis zum künstlich angelegten See gegangen sind (Schwimmen ist dort verboten).

Am Wave Rock checkten wir dann am Campingplatz ein (gerade mal 5 Min. Fußweg zum Wave Rock!) und machten uns bald darauf zu Fuß auf den Weg zur „meistfotografierten Sehenswürdigkeit Westaustraliens". Ehrlich gesagt waren wir beim ersten Anblick etwas enttäuscht, da wir uns „die Welle" höher und breiter vorgestellt hatten, aber je weiter wir den Fußweg nach oben auf den Felsen stiegen, desto besser hat es uns gefallen. Auf dem Felsen wächst nicht viel, vorwiegend Flechten und ein paar kleine fleischfressende Pflanzen – es war also insgesamt recht karg. Die Sicht in die Umgebung war super.

Neben dem Wave Rock gibt es noch eine Felsformation, die „Hippo's Yawn" (das Gähnen des Nilpferdes) genannt wird; dorthin sind wir auch spaziert und haben das Nilpferd in Ruhe auf uns wirken lassen. Auf dem Rückweg konnten wir gut sehen, wie groß der Parkplatz und die Fußwege für die Tagesbesucher sind – die müssen dort mit gewaltigen Besuchermengen rechnen! Zum Glück war heute kaum etwas los, wir haben nicht einen einzigen Tourbus gesehen (die kommen samstags wohl nicht zum Wave Rock).

3. Juni 2012 – Auf dem Weg zurück an die Westküste

Heute haben wir wieder Internet und Handyempfang, damit können die Blogeinträge der letzten Tage endlich auch veröffentlicht werden. Die letzte Nacht war wieder ruhig und wir kamen heute Morgen zeitiger weg und tagsüber auch so gut voran, dass wir über unser geplantes Tagesziel hinausfuhren (naja, das lag u.a. daran, dass der geplante Übernachtungsplatz in Meckering nicht so schön gelegen war und wir auch nicht wussten, was wir an diesem recht tristen Ort noch den ganzen Nachmittag tun sollten) und so am Ende im Toodyay Caravan Park eingecheckt haben. Dort war Jonna von Anfang an von den 2 Ponys angetan und auch die Kinder, die auf dem Spielplatz spielten, gefielen ihr gut – bis ein Mädchen kam und sie nach einem kurzen Hallo angefasst hat: da war Schluss mit Lustig. Auch dass Jonna ein Pony streicheln konnte, hat nicht mehr geholfen. Das Prospekt des Caravan Parks, das wir beim Einchecken erhalten haben, wirbt übrigens für den Platz mit extraweichem Toilettenpapier...

Heute sind wir ca. 330 km gefahren – gemessen an unserer letzten Reise ein eher niedriger Wert. Mit Baby ist es allerdings ein eher hoher Wert, aber Jonna hatte heute auch eine super Tagesform. Unsere (seltenen) langen Etappen mit mehr als 400 km im Norden müssen wir eventuell noch einmal überdenken, bzw. die Schlafpausen konsequent zum Fahren nutzen – also die Schlafpausen von Jonna meine ich...

4. Juni 2012 – Waschtage sind verlorene Reisetage

Das ist eine alte Camperweisheit, die sich auch bei uns wieder bewahrheitet hat. Dazu gleich mehr. Der Tag begann mit einem neuen Rekord der bisher frühesten Ankunftszeit am Zielort. Punkt 12 Uhr mittags fuhren wir in den Club Capricorn bei Yanchep ein. Ein hübscher Torbogen mit Allee versprach schon mal einiges – typisch Resortanlage eben. Nur dass dieses Resort auch Camper willkommen heißt. Der Plan sah vor: Sandwiches richten, Wäsche waschen und dann ab an den Beach oder in den Pool und eventuell noch in den Nationalpark. Die gesamte Wäsche landete sogleich in einer großen Industriewaschmaschine, 3 Dollar rein und nichts passierte. Nach längerer Suche nach dem möglichen Fehler bei unserer Bedienung oder dem Fehler der Waschmaschine, ist Michael wieder zurück zur Rezeption, hat die 3 Dollar zurückbekommen mit dem Auftrag, die Maschine einer benachbarten Toilettenanlage zu nutzen. Alle Wäsche wurde also wieder ausgeladen und rüber geschleppt. Die gleiche Maschine wollte hier nur 2 Dollar – Schnäppsche gmacht! Mittlerweile waren die Sandwiches schon kalt und wurden mit Heißhunger verdrückt. Mittags gibt es bei uns meist Sandwiches – sind leicht gemacht und einfach extrem lecker. Nach kurzer Wartezeit konnten wir die Maschine ausladen und mussten feststellen, dass sich unsere Tabs nicht aufgelöst hatten und die halbe Wäsche Waschpulverflecken aufwies und teilweise nicht mal richtig nass war. Auch diese Waschmaschine war also nicht ganz in Ordnung, aber wir wollten nun keine weitere mehr ausprobieren. Also gute von schlechter Wäsche getrennt, die schlechte noch ein zweites Mal laufen lassen und die gute in den Wind gehängt. Die Wartezeit für die zweite Maschine haben wir mit einem Strandspaziergang überbrückt. Jetzt wissen wir endlich, was die australischen Männer immer machen, während die Frauen sich um Essen, Wäsche, Smalltalk, Kinder kümmern. Sie angeln das Abendessen. Und danach wird genüsslich das Braten des Fangs auf dem BBQ zelebriert. Michael kommt sich manchmal schon etwas seltsam vor, weil wir uns sämtliche Aufgaben teilen. So sah man ihn heute den halben Nachmittag mit Wäsche hantieren. An anderen Tagen steht er am Herd, dafür schraubt Martina am Kindersitz rum oder macht Ölwechsel. Beim Tragen von Jonna wechseln wir uns auch ab, da wir beide unsere Tragetücher dabei haben. Immerhin muss Michael nicht das violette von Martina benutzen, sondern hat eins in männlichen Cowboy-Farben. Zurück zum Thema Wäsche: Um es kurz zu machen – das Auswaschen von Pulverresten, das

Aufhängen und das, wegen eines Regenschauers, wieder Abhängen hat uns so viel Zeit gekostet, dass wir letztlich nur kurz am Strand waren und sonst nirgendwo mehr. Und die Nacht haben wir dann in einem vollgehängten Campervan verbracht, da einige Wäschestücke nicht mehr rechtzeitig trocken wurden (trotz Trockner) und im Auto fertig trocknen mussten. Zwischen all den Kleidungsstücken noch das Abendessen zuzubereiten und das Bett umzubauen war ein kleines Kunststück.

5. Juni 2012 – Genau das ist der Grund warum wir in Australien sind

Der Name sagt alles: Sandy Cape Recreational Park. Weiße Sanddünen. Eine wunderschöne Bucht am indischen Ozean. Vollmond. Der Zugang zu diesem kleinen Geheimtipp ist nur über eine 7 km lange Schotterpiste zu erreichen. Kein Hinweisschild lässt am Highway erkennen, dass am Ende der Piste ein Nationalpark-Campingplatz liegt. Und die Piste ist eine Holperpiste erster Güte. Entweder man kriecht von Bodenwelle zu Bodenwelle - dann wollen die 7 km nie enden. Oder man gleicht die Wellen mit ordentlichem Tempo aus. Dann hat man aber das Gefühl, dass das Auto gleich auseinanderfällt. Irgendwann hofft man nur noch, dass am Ende wirklich ein Campingplatz kommt und dort auch noch jemand anders außer man selbst ist. Wer nun zum ersten Mal mit „Self Registration" konfrontiert wird, ist vielleicht überfordert. Wir kannten das glücklicherweise schon.

Nachdem wir uns beim letzten Tageslicht einen netten Platz ausgesucht hatten, ist Michael gleich auf die nächste Düne gerannt (und hat dabei den Autoschlüssel verloren, den er später mit Taschenlampe wieder gefunden hat!) und Martina hat mit den Nachbarn gesocialised. Die hatten ein 6 Monate altes Baby dabei: viel Gesprächsstoff. Viel machen kann man nach halb 7 bei völliger Dunkelheit aber nicht mehr – also wurde Jonna beschäftigt, Essen gekocht und Blog geschrieben. Um 10 gingen langsam die Lichter aus...

Eigentlich ein super Ende für einen Blogeintrag, aber der Tag bot noch viel mehr. Los ging es schon um halb 9 – neuer Aufbruchrekord. Und das sollte sich sofort auszahlen, denn im Yanchep Nationalpark wimmelte es noch so von Kängurus! Kurze Zeit später wurden diese durch das große Reinemachen verscheucht – der Park musste für die Tagestouristen auf Vordermann gebracht werden. Wir haben aber noch etliche Bilder und Videos von hüpfenden und grasenden Kängurus machen können. Nach einer kurzen Wanderung um den See (eigentlich wollten wir Vögel beobachten, in erster Linie waren wir aber damit beschäftigt, vor Spinnennetzen und deren Erbauern auszuweichen) konnten wir noch Koalas bestaunen. Diese waren allerdings schon nicht mehr wild, sondern innerhalb eines Schutzzaunes. Außer etlichen Picknicktischen und zwei Höhlen gab es im Park nicht mehr allzu viel, daher entschieden wir uns ausnahmsweise für ein zweites Frühstück im Yanchep Inn Hotel. Bei gutem Kaffee ließen wir uns Früchte, Sausageses, Ham und Eggs auftischen. Jonna war ganz scharf auf die Erdbeeren und hat auch von der Wassermelone abgebissen. Wir waren übrigens die einzigen Gäste und hatten den kompletten Frühstücksbereich für uns.

Weiter gings auf dem Indian Ocean Drive No 60 nach Norden. Das Surfer- und Allradmekka Lancelin haben wir links liegen lassen, ebenso die Lobsterstadt Cervantes. Ein weiteres Top-Highlight lag aber auf der Strecke – die Pinnacles. Hier hat Martina ihrer Fotoleidenschaft freien Lauf gelassen und sämtliche Objektive und Filter ausprobiert, die noch vor der Reise extra gekauft wurden. Michael hat seinen Spaß eher an der kurvigen, schmalen Sandpiste gefunden. Da wir ja auf ein Allradfahrzeug verzichtet hatten, war diese Strecke zwischen den Steinfelsen eine kleine Entschädigung und hat auch mit Campervan viel Spaß gemacht.

6. Juni 2012 – Wie man einen Regentag sinnvoll nutzt

Wie schon in einem früheren Blogeintrag erwähnt, hatten wir zu Beginn in Perth eine knappe Woche lang Traumwetter.

Danach folgten angenehm temperierte Tage mit kalten Nächten. Die kalten Nächte sind wir losgeworden, indem wir weiter nach Norden vorgedrungen sind. Allerdings ist es seither eher bewölkt. Heute hat es sogar fast den ganzen Tag lang geregnet. Wie soll man so einen Tag also sinnvoll nutzen? Außerhalb von größeren Städten kann man eigentlich nur fahren, fahren, fahren und hoffen, dass man bald besseres Wetter hat. Wir haben also in den netten Strandstädtchen Port Denison und Dongara nur kurz Halt gemacht, um ein paar Fotos von der rauen See zu knipsen und haben uns ausgemalt, wie es wohl bei Sonnenschein wäre, die Promenade entlang zu schlendern. Zur Mittagszeit haben wir dann aber eine ordentliche Stadt erreicht – Geraldton mit knapp 40.000 Einwohnern. Hier haben wir im Bel Air Caravan Park eingecheckt und den restlichen Tag mit Shoppen verbracht. Wir haben nun doch noch ein australisches NextG-Handy gekauft, da wir mit dem Empfang unserer deutschen Handys (mit australischer SIM-Karte natürlich) nicht zufrieden waren. Als wir den Telstra-Mitarbeitern erzählten, dass man uns in Perth versichert hat, es würde auch mit unseren deutschen Handys problemlos funktionieren, bekamen wir folgende Aussagen zu hören: „In Perth they dont know the country" und „City people are not smart". Das können wir zumindest für den Telstra-Shop in Perth unterschreiben – dort wurden wir von zwei ausgesprochenen Dumpfbacken bedient. Ob nun mit dem neuen Handy unser Empfang wirklich besser ist, muss sich noch zeigen. Jedenfalls sind wir nun optimal ausgerüstet.

Außerdem haben wir noch eine Sicherung bei einer Toyota-Werkstatt austauschen lassen, so dass nun auch der Zigarettenanzünder funktioniert und zum Laden unserer diversen elektronischen Geräte genutzt werden kann.

Zurück auf dem Campingplatz hat Michael nun zum ersten Mal einen der australischen BBQs verwendet und Y-Bone-Steaks, Kürbis und Maiskolben gegrillt. Als Verdauer haben wir uns einen dunklen Bundaberg Rum gekauft – pur schmeckt er rauchig und ist ziemlich stark. Man darf ihn aber auch durchaus mit Cola trinken... Jetzt hoffen wir, dass sich das Wetter in den nächsten Tagen bessert, um eventuell Wale sichten zu können bzw. um die vielversprechenden Höhepunkte im Kalbarri National Park genießen zu können.

7. Juni 2012 – Viel Lobster und ein toller Sonnenuntergang

Heute früh sind wir nicht ganz erholt aufgestanden. Es lag nicht an Jonna, denn die hat soweit ganz gut geschlafen. Was unseren Schlaf immer wieder gestört hat, war der starke Regen und der dazugehörige Wind. Leider haben wir auch am Abend zuvor bemerkt, dass unser Camper für solches Wetter nicht geeignet ist: es tropft bei Regen durch eines der oberen Seitenfenster in den Camper hinein – wir haben also eine Schüssel untergestellt, sodass es außer ein paar Wasserflecken auf den Polstern keine weiteren Schäden gab.

Auf dem Programm stand heute als erstes die Lobster-Fabrik in Geraldton. Dort waren wir pünktlich um 9:30 Uhr zur Führung am Treffpunkt vor der Fabrik. In dieser Fabrik liefern die Fischer der Gegend ihren Langusten-Fang ab und in der Fabrik werden die Tiere dann sortiert (nach Gewicht und/oder Farbe), aufbewahrt und dann in die ganze Welt verschickt. Je nach Bestellung werden die Tiere lebendig oder gekocht verschickt. Da man dort als Tourist auch Lobster kaufen kann, haben wir uns auch einen gegönnt (bereits gekocht und gefroren) und ihn vorerst einmal in das Gefrierfach unseres Kühlschranks gepackt. Dort muss er warten, bis wir die restlichen Zutaten fürs Essen beisammen haben und ihn dann abends zubereiten. Die Führung durch die Fabrik war auf alle Fälle sehenswert; beeindruckend war aber auch der Starkregen während der Führung. Unser Tourguide hatte eine recht laute Stimme, aber gegen den Regen auf dem Blechdach kam sie kaum mehr an. Naja, immerhin freuen sich die Einwohner der ganzen Gegend über den Regen, denn es hat seit 8 Monaten nicht mehr geregnet. Wir ließen Geraldton mit dem vielen Regen dann doch lieber hinter uns und fuhren auf dem Weg

Richtung Kalbarri Nationalpark über das Weinanbaugebiet Chapman Valley, in dem heute das größte Weingut leider geschlossen hatte. Wir haben also weder Wein probiert noch gekauft. Reben haben wir um das Weingut herum auch keine gesehen. Vielleicht steht das Weingut ja deshalb gerade zum Verkauf!? Aber auch ohne Wein war das Tal sehr schön zu durchfahren und der Regen hat schon deutlich nachgelassen.

Da wir morgen in den Kalbarri Nationalpark wollen, haben wir uns einen Campingplatz kurz vor dem Park ausgesucht und übernachten dort mit Blick aufs Meer. Bereits in Geraldton hatten wir an der Tankstelle ein schweizer Studentenpaar kennengelernt, mit denen wir uns hier auf dem Campingplatz auf ein Bier verabredet haben. Tatsächlich tauchten die beiden abends mit ihrem Campervan auf und wir haben einige Stunden quasselnd in der Camp Kitchen verbracht. Anja und Marco machen die gleiche Strecke wie wir von Perth nach Darwin, allerdings in der Hälfte der Zeit.

8. Juni 2012 – Es lebe der Sport

Knapp 2 Wochen ohne Laufen haben endlich für Michael ein Ende gefunden. Eigentlich wollte er bereits in Perth eine Runde drehen, aber dazu kam es leider nicht. Die ersten Tage im Campervan haben danach auch keine wirklichen Joggingmöglichkeiten aufgetan. Heute kam ihm die Gelegenheit ohne große Planung einfach so zugeflogen, und zwar als wir uns beim ersten Stopp des Tages an der Felsenküste vor Kalbarri die Felsformation Natural Bridge anschauten. Die weiteren Stopps Island Rock, Grandstand und Eagle Gorge lagen nämlich in kurzen Abständen und wurden durch einen Wanderweg verbunden. Michael ist also den 8 km-langen Bigurda-Trail an der Steilküste entlang von der Natural Bridge bis zum Eagle Gorge gejoggt, während Martina mit Jonna die Fahrstraße genommen hat. Nach etwa 45 Minuten tauchte Michael am Horizont auf – alles ist also auf dem recht anspruchsvollen Trail (mal Sand, mal Steine, immer nur wenige Meter von den Klippen entfernt) nach Plan verlaufen.

Im Städtchen Kalbarri selbst haben wir den Rainbow Jungle besucht, eine Aufzuchtstation für gefährdete Papageienarten und Sittiche. Jonna wusste gar nicht, wo sie zuerst hinschauen sollte – überall wimmelte es von diesen faszinierenden 'gochs' und 'grrs'.

Im Kalbarri National Park war die Straße zu den beiden Park-Highlights Z Bend und The Loop wegen der Regenfälle der letzten Tage gesperrt. Da wir uns diese 26 km lange Piste mit unserem Van sowieso nicht angetan hätten, haben wir uns schon nicht ärgern müssen. Die beiden verbleibenden Aussichtspunkte Hawks Head und Ross Graham Lookout waren aber auch nicht schlecht – von dort konnte man den Murchison River in seiner Schlucht gut fotografieren.

Als Tagesziel sind wir in die Hutt River Province ausgereist. Der Farmer Leonard George Casley hatte 1970 die Unabhängigkeit von Australien erklärt und die Principality of Hutt River gegründet. Grund waren Streitigkeiten bezüglich Exportquoten für Weizen. Er nutzte dabei eine Gesetzeslücke und trotz jahrelanger Prozesse existiert dieser unabhängige Staat noch heute und wird von einigen Ländern wie Frankreich sogar voll anerkannt! Wir sind zwar erst kurz nach Ende der Grenz-Öffnungszeit (also nach 16 Uhr) angekommen, aber das Einchecken war dennoch kein Problem und so konnten wir dem Prinzen Leonhard persönlich die 10 AUD Campinggebühren übergeben. Das Anwesen selbst hatte wohl schon einmal bessere Zeiten erlebt und offensichtlich gab und gibt es Vieh hier. Für uns ist ja aber hauptsächlich der Campingplatz relevant und der bietet wirklich ein gutes Preis-Leistungsverhältnis. Wenn man bedenkt, dass es hier keinen städtischen Strom- und Wasseranschluss gibt, ist es umso toller, dass es normale Toiletten und Duschen gibt. Um den Campingplatz herum grasen die Kängurus und in den Bäumen fliegen schwarze Kakadus umher (Anreise ab Binnu 20 km geteert, dann 8 km gut befahrbare Outbackpiste, lediglich kleine blaue Hinweisschilder, daher gutes Kartenmaterial empfehlenswert). Da wir gerade Zeit haben und wir dem Kühlschrank nicht zutrauen, unseren Lobster noch lange frisch zu halten, wird dieser heute Abend zubereitet.

Die Führung durch sein Museum hat der Prinz uns für morgen früh versprochen. Wir sind übrigens die einzigen Camper auf dem großen Farmgelände.

9. Juni 2012 – Mal schnell ein weiteres Land bereist

Nach dem Aufstehen begaben wir uns in die Regierungsgebäude der Hutt River Province. Neben etlichen Souvenirs gibt es hier eine kleine Mineraliensammlung, Geldscheine aus aller Welt sowie Abzeichen (erstaunlich viele von der deutschen Polizei). Von Prinz Leonhard ließen wir uns für 3 Dollar Einreise- und Ausreistempel in unsere Reisepässe machen. Stolz präsentierte er Geschenke aus aller Welt – darunter einen weißen Rolls Royce und einen alten Mercedes. Wir kauften uns Briefmarken seines Landes und ein Bündel der Landeswährung. Auf die Staatsbürgerschaft für 250 Dollar verzichteten wir – immerhin sind aber angeblich mittlerweile 13.000 Personen weltweit dem Charme dieser kleinen Enklave verfallen und haben die Staatsbürgerschaft erkauft. Der Prinz ist allerdings schon recht alt und wenn keines seiner 7 Kinder, 24 Enkel und (bis heute) 23 Urenkel die Provinz touristisch weiter vermarktet und professionell führt, wird das Ganze wohl irgendwann sang- und klanglos wieder in Vergessenheit geraten.

Am Overlander Roadhouse haben wir einen Halt eingelegt und einen Burger gegessen, weil die im Reiseführer lobend erwähnt wurden. Dieser war aber eher etwas überteuert und hat nicht herausragend geschmeckt. Das Roadhouse hat insgesamt eher den Eindruck einer ganz normalen Tankstelle hinterlassen – vom ‚zentralen Treffpunkt im Outback' war nicht viel zu spüren.

Auf der Strecke nach Monkey Mia waren die Zufahrtswege zu den kostenlosen Campgrounds am Meer alle gesperrt. Sogar der 4WD-Zugang in den Francois Peron Nationalpark war gesperrt. So wurde uns wieder einmal eine Entscheidung abgenommen – wir konnten keine teure Tagestour buchen und mussten im Resort übernachten. Obwohl wir nicht reserviert hatten, war es noch problemlos möglich, einen Stellplatz zu bekommen; dieses Mal ohne Strom, da man für Strom unverschämte 20 Dollar Aufschlag wollte.

10. Juni 2012 – Zur falschen Zeit am rechten Ort

Die letzte Nacht haben wir leider nicht gut geschlafen und wieder war das Wetter schuld. Inzwischen sind wir ja an Regen und Wind gewöhnt, aber heute Nacht wurde das Ganze noch getoppt durch einen Sturm, der laut Wettervorhersage als Zyklon der Kategorie 1 einzuordnen ist. Für uns bedeutete dies sintflutartige Regenfälle und Wind, der den ganzen Camper wackeln ließ. Dieses Mal hat der Camper nicht geleckt, aber in der Nacht haben wir schon noch das ein oder andere Mal nachgesehen, ob nicht das halbe Bett unter Wasser steht. Während wir Erwachsenen also auf das Ende des Sturms warteten, schlief die kleine Jonna so fest und gut wie selten.

Da das Wetter so schlecht war, konnten wir gestern nach unserer Ankunft fast keine der Einrichtungen auf dem schönen Campingplatz nutzen (www.monkeymia.com.au). Es stand ja alles unter Wasser und überdacht ist wenig, denn normalerweise regnet es dort ja nie. Naja, wenigstens die Duschen waren schön warm und in der Campküche konnten wir noch ein wenig kochen und uns mit anderen Reisenden aus Kanada austauschen.

Heute Morgen war das Wetter dann deutlich besser und wir haben uns pünktlich zur Delfinfütterung um 7:45 Uhr am Strand eingefunden. Die Delfine sind die Hauptattraktion des Ortes und kommen jeden Tag vom offenen Meer in die Bucht, um ein paar Fische zu bekommen – bis zu 17 Delfine finden sich regelmäßig ein, je nachdem wie sie lustig sind kommen auch nur ein paar wenige, aber jeden Tag eben ein paar. Am

Abend war noch unklar, ob überhaupt eine Fütterung stattfindet, da der Sturm das Meer ziemlich aufwühlt und dann evtl. keine Delfine kommen, bzw. es für die Delfine zu gefährlich wäre. Am Morgen gab es dann zwar noch immer Wellen und das Wasser war stark getrübt (normalerweise ist wohl kein Wellengang und glasklares Wasser), aber die Fütterung sollte stattfinden (yippie!). Und der Regen hatte glücklicherweise fast völlig aufgehört (yippieee!). Wie man dem Aushang entnehmen konnte, kamen die Delfine in den letzten Tagen immer gegen 8.15 Uhr. aber heute waren bis 10 Uhr immer noch keine Delfine in Sicht. Als wir die Hoffnung schon aufgegeben hatten, ließen sich aber doch noch 3 Delfine blicken. Der Ranger erzählte den Zuschauern noch eine ganze Weile etwas über die 3 heute erschienenen Delfine und wollte dann den Fisch füttern, doch da waren die Delfine schon wieder im trüben Meer verschwunden.

Auch wenn unser Aufenthalt in Monkey Mia wirklich nicht dem entsprach, was man sich von diesem Ort versprechen darf, war es trotzdem den Abstecher wert. Bei Sonnenschein und ruhigem Meer ist dies der perfekte Ort, um ein paar Tage zu verweilen.

Wir sind dann noch ein paar Kilometer weitergefahren bis an die Little Lagoon – in der Hoffnung, dort schwimmen zu können oder uns zum ersten Mal ein wenig an den Strand zu legen. Leider waren weder Ort noch Wetter dazu zu gebrauchen, sodass wir nach einem Picknick weitergefahren sind.

Nach einem kurzen Abstecher zum Shell Beach, an dem es einfach unzählig viele kleine Muscheln am Strand gibt, ging es dann zu unserer heutigen Unterkunft, dem Campingplatz des Nanga Bay Resort.

11. Juni 2012 – Im sonnigen Nordwesten angelangt

Im Nanga Bay Resort haben wir es uns gut gehen lassen. Schwimmen im Pool, Entspannen im heißen Whirlpool und gestern zum Abendessen einen Beefburger der Extraklasse.

Und das alles zu einem normalen Preis. Uns hat es gefallen, auch wenn das Resort letztlich ein netter Campingplatz ist und kein exklusiver Club.

Am späten Vormittag ging es wieder auf die Straße. Den ersten Halt haben wir bei den Stromatoliten eingelegt, den ältesten fossilen Lebewesen der Erde. Für uns sahen sie einfach wie rote Steine im seichten Meerwasser aus.

Relativ früh haben wir dann unseren ersten komplett kostenlosen Campingplatz angefahren – einen 24h-Rastplatz direkt am Highway (Edaggee Rest Area). Hier sind wir unter vielen weiteren Campern, aber nicht so zusammengepfercht wie in den städtischen Caravan Parks. Die Sonne brutzelt endlich wie gewünscht und Jonna spielt im roten Sand mit ihren farbigen Eimerchen.

13. Juni 2012 – Coral Bay

So einfach wie heute ist Jonna bisher selten eingeschlafen. Eine Runde auf Michaels Arm um den Campingplatz hat ihre Augen zufallen lassen. Und zum ersten Mal können wir den Abend draußen bei einer Flasche Wein genießen, während Jonna drinnen bei geöffneter Tür schläft. Endlich haben wir lauwarme Nächte, die solch einen entspannten Abend zulassen. Genauso gut ist, dass es hier keine Fliegen und Moskitos gibt – das ist in weiten Teilen Australiens eine negative Begleiterscheinung. Wir sind heute in Coral Bay angekommen. Schon nach einem Tag können wir sagen, dass dies der bisherige Höhepunkt unserer Reise ist. Nach einem erneuten Rekord im Frühaufstehen (6:15 Aufstehen, 7:25 Abfahrt) sind wir bereits 2 Stunden später in diesem Badeort angekommen. Coral Bay besteht hauptsächlich aus 2 Campingplätzen, einem Backpacker, einem Resort und einem kleinen Einkaufszentrum: Hier wird vor allem Angelzubehör verkauft und ein paar überteuerte Lebensmittel. Da wir früh dran waren, haben wir uns beide Campingplätze angeschaut und uns dann für den Bay View Caravan Park (www.coralbaywa.com/index.html)

entschieden. Der ist zwar 200m weiter vom Strand entfernt, dafür hat er aber einen Pool (und Kinderpool), 2 Spielplätze und vor allem war hier die Atmosphäre relaxter. Kurz nach dem Einchecken haben wir auch gleich die erste Tour gebucht – einen 3-stündigen Ausflug mit dem Glasbodenboot inklusive 2x Schnorcheln. Zu sehen gab es unzählige Korallen und Fische sowie vom Boot aus Meeresschildkröten und einen Dugong (bitte bei Wikipedia anschauen, das sind schon seltsame, scheue Meereswesen). Nach der Tour sind wir noch alle drei in den Kinderpool – wir haben schließlich noch ein paar Badestunden nachzuholen. Bisher war dies wetterbedingt ja nicht wirklich möglich. Wir werden hier auf jeden Fäll zwei Nächte bleiben, eventuell sogar noch verlängern, da man außerdem noch mit Walhaien oder Mantarochen schwimmen gehen (und dabei viel Geld lassen) kann. Abgerundet wird der Aufenthalt hier mit zwei Cafés/Biergärten, die auch Take-Away-Food anbieten. Man kann also auch als Camper mal ganz faul aufs Kochen verzichten und sich was Leckeres holen.

Von der EM bekommen wir leider überhaupt nichts mit. Gestern Morgen haben wir zumindest mal die ersten Ergebnisse abrufen können. Mit etwas Glück können wir vielleicht das Finale oder Halbfinale live in Broome sehen, falls sich dort ein paar Fußballverrückte finden, die das mitten in der Nacht gucken wollen (ist schließlich nur die Europameisterschaft, interessiert hier keinen). Unsere Blogeinträge schreiben wir übrigens offline und schicken sie dann per Mail raus, wenn wir wieder Empfang haben. So müssen wir zwar nicht auf die nervige Suche nach Internetcafés gehen, allerdings erlaubt die Geschwindigkeit auch kein ausgiebiges Surfen.

Vom gestrigen Tag bleibt noch festzuhalten, dass wir in Carnarvon wieder die Vorräte aufgefüllt und die brüchige One Mile Jetty besichtigt haben. Eindrucksvoll waren die großen Plantagen rund um Carnarvon, wo Bananen, Mangos, Tomaten, Sternfrüchte etc. angebaut werden. Nördlich von Carnarvon haben wir noch einen Abstecher zu den Blowholes eingelegt, also einer Stelle am Felsstrand, wo das Wasser bis zu 20m hoch durch Löcher im Fels nach oben gepresst wird.

Eigentlich hatten wir vor, dort am Point Quobba auch zu Campen, doch am Eingang hat uns bereits ein Hinweisschild abgeschreckt, das allen Campern vorschrieb eine eigene Toilette dabei zu haben (was wir aber nicht haben). Wir sind dennoch hingefahren, um dann festzustellen, dass es uns dort ohnehin nicht wirklich gefällt. Es war nicht gerade ein einsamer Strand, sondern es war überall voller Camper und Wellblechhütten. Viele haben sich wohl für Monate niedergelassen – es gab dort zwar kein Wasser und Strom, dafür aber einen Friseur. Die ruhige Lagune, die laut Reiseführer zum Schnorcheln einlädt, haben wir auch nicht gesehen – nur ordentliche Wellen und viele Angler. Also haben wir uns noch einmal für weitere 100 km auf die Straße begeben bis zum nächsten brauchbaren Rastplatz am Highway.

15. Juni 2012 – Abschied von Coral Bay

Nachdem wir den gestrigen Tag am Strand und mit Schnorcheln verbracht haben, wollten wir noch eine Nacht verlängern. Leider war der Campingplatz mittlerweile ausgebucht und wir mussten daher heute Morgen auf Stornierungen hoffen. Offensichtlich waren dann doch wieder einige Plätze frei geworden und wir mussten lediglich um 10 Uhr auschecken, um dann um 11 Uhr unseren neuen Stellplatz in Beschlag nehmen zu können. Den restlichen Vormittag haben wir wieder am Strand verbracht. Die Korallen in Coral Bay bzw. am Ningaloo Reef sind übrigens Hartkorallen. Man darf also keine in allen Farben schimmernden Korallen wie am Great Barrier Reef erwarten. Dafür nehmen die Korallen vielfältige Formen an und werden daher wie Blumen oder Gemüse bezeichnet (z.B. Kohlkoralle). Im Reiseführer hieß es, dass die Korallen in Coral Bay bereits alle tot seien und man weiter nördlich oder südlich schnorcheln gehen müsste. Das können wir so nicht bestätigen. Korallen und Fische gibt es jede Menge und darüber hinaus ist Coral Bay auch ein super Badeplatz für kleine

Kinder, da die ersten Meter sehr seicht abfallen. Hier sind natürlich noch keine Korallen, aber etwas weiter draußen sind sie überall zu finden. Da keine Stinger-Saison (giftige Quallen) ist, konnten wir ohne Strandschuhe und ohne Neoprenanzug völlig sorgenfrei ins Wasser. Zu kalt war es auch nicht: Martina hat sogar einmal eine dreiviertel Stunde lang durchgehalten.

Nachmittags haben wir uns für eine Stunde ein Glasbodenkanu gemietet. Dieses Mal war Jonna gar nicht begeistert, aber nach einer Schreiattacke hat sie dann doch noch Mittagschlaf gehalten und die komplette Zeit geschlafen. Ablegen konnte man sie auf dem Glasboden des Kanus leider nicht, daher hat Martina sie eine Stunde lang ruhig halten müssen, während Michael das Paddel bewegt hat.

Auf dem Rückweg haben wir Reklame vom Ningaloo Reef Resort (ist gerade ein paar hundert Meter weiter) gesehen, wo es an dem Abend eine Happy Hour geben sollte. Nach dem Duschen ging es also dorthin, wo wir Hauswein für 2,50 AUD und Essen zum passablen Preis genießen konnten. Mit dem Sonnenuntergang im Hintergrund, dem beleuchteten Pool und den Lichterketten sowie den angeheiterten Urlaubern im Vordergrund war es hier eine tolle Stimmung und ein gelungener Abschied von Coral Bay.

16. Juni 2012 – Bullara Station

Um etwas Abwechslung in das Strandleben zu bringen, sind wir heute zur Bullara Station (www.bullara-station.com.au/) gefahren, einer noch aktiven Schaf- und Rinderfarm. Die Eigentümer waren sehr nett, jedoch muss man sagen, dass die Farm nicht wirklich viel bietet und mit 13 AUD pro Person ohne Strom eigentlich übertеuert ist. Rinder haben wir keine gesehen, nur ein paar müde Schafe und 4 Pferde. Wir haben einen kleinen Spaziergang zu einer roten Sanddüne unternommen und den Nachmittag vor dem Van verbracht (mit Jonna spielend und Postkarten schreibend). Erwähnenswert sind die liebevoll hergerichteten Toiletten und Duschen; ob man aber wegen schöner Toiletten unbedingt einen Abstecher hierher machen muss, kann jeder selbst entscheiden.

17. - 19. Juni 2012 – Muss man im Cape Range Nationalpark vorbuchen?

Unsere nächste Station führte uns in die Nähe von Exmouth in den Cape Range Nationalpark. Dort gibt es eines der größten Riffe und das direkt vor der Küste, sodass man zum Schnorcheln (wie bereits in Coral Bay) einfach nur zu Fuß ins Meer gehen muss. Bevor wir in Coral Bay losgefahren sind, haben wir im Internet geschaut, ob einer der vorbuchbaren Campingplätze im Nationalpark noch verfügbar ist (www.dec.wa.gov.au/campgrounds/coral-coast.html); leider war für etwa die kommenden 5 Tage bereits alles ausgebucht. Da aber viele Plätze nicht über das Internet gebucht werden können, sondern jeden Tag erst vor Ort vergeben werden, wollten wir es eben einfach so probieren. An unserem Ankunftstag kamen wir etwa um die Mittagszeit an und haben uns erst einmal kurz vorm Nationalparkeingang auf dem Campingplatz Yardie Homestead Caravan Park eingebucht, da im Nationalpark schon alle Campingplätze belegt waren. Von dort konnten wir bequem in den Park fahren und dort den Nachmittag in Turquoise Bay mit Schnorcheln verbringen. Da gerade Ebbe war, konnten wir bequem bei klarer Sicht schnorcheln und Jonna konnte am Sandstrand spielen.

Am nächsten Morgen sind wir dann bereits um 6 Uhr aufgestanden, damit wir uns um 7 Uhr vor den Toren des Nationalparks in die Warteschlange für die an diesem Tag freien Campingplätze einreihen konnten. Wir waren das zehnte Auto in der Schlange und malten uns gute Chancen auf einen Übernachtungsplatz im Nationalpark aus, denn es gibt im Park doch eine beachtliche Anzahl an Campingplätzen. Leider Pustekuchen. Als kurz nach 8:15 Uhr der Ranger kam, vergab er an die ersten 4 Autos in der Warteschlange die heutigen freien Plätze und der Rest ging leer aus. Wir haben daraufhin beschlossen, eine weitere Nacht im Yardie Homestead zu bleiben und dann weiterzufahren; hätten wir einen Patz im Nationalpark bekommen, wären wir noch zwei Nächte geblieben. Im Park gibt es verschiedene Buchten, die man erschnorcheln kann; an diesem Tag waren wir bei Flut an den Oyster Stacks und bei Ebbe noch einmal in Turquoise Bay (weil es dort so schön war). Dazwischen haben wir eine Wandertour durch die Mandu Mandu Gorge gemacht (eine schöne Schlucht in der Mitte des Cape Range Nationalparks), was besonders mit Jonna im Tragetuch eine ordentliche sportliche Herausforderung war. Abends am Campingplatz haben wir in der Campingküche Fisch gegrillt (Spanische Makrele, ganz frisch, wurde uns von einem anderen Camper am Fischputzplatz geschenkt) und dabei erfahren, dass man momentan am Cape Range Nationalpark mitten in der Nacht vor das Tor stehen muss, um am nächsten Morgen einen Campingplatz zu ergattern. Mitten in der Nacht dorthin fahren stellen wir uns mit den vielen Kängurus (rote Kängurus, Euros und Wallabies) und Emus nicht gerade schön vor; als wir am ersten Tag nach 16 Uhr aus dem Park fuhren, mussten wir schon deutlich das Tempo reduzieren, weil ständig Tiere über die Straße liefen und man durch die vielen Büsche nicht sehen konnte, wann und wo das nächste auftaucht – das ist bei Nacht sicherlich noch schlimmer.

Am nächsten Morgen sind wir noch ein letztes Mal früh morgens in den Park gefahren, um zu einem Vogelbeobachtungspunkt zu fahren und in der Lakeside Bay zu schnorcheln. Am Parkeingang stand wieder die Auto-/Camperschlange, die auf einen Campingplatz hoffte. An sechster Stelle stand die Schweizer Familie, die wir in Coral Bay kennengelernt hatten und wir hielten an, um uns kurz auszutauschen. Michael hat sich noch beim Ersten in der Warteschlange erkundigt, wann er sich angestellt hat: kurz nach Mitternacht; bis Mitternacht patrouillieren noch die Ranger und verteilen Bußgelder für wildes Campen, danach gilt es wohl als Anstellen für die Warteschlange: einfach bescheuert! Wir sind dann erst einmal weitergefahren zum Vögel beobachten. Später am Visitor Center haben wir dann die Schweizer wieder getroffen und erfahren, dass sie Glück hatten und als letzte in der Reihe noch einen Campingplatz für 2 Nächte bekommen hatten!

Um zurück zur obigen Frage zu kommen: die Antwort lautet Jein. Wenn man seine Reiseroute nicht schon im Vorhinein festlegen möchte, kann man versuchen, erst kurz vor Ankunft im Internet einen Campingplatz zu buchen; dann kann aber zu dieser Reisezeit bereits alles ausgebucht sein (wie in unserem Fall). Man kann dann vor Ort schauen, ob man mit etwas Glück einen der nicht buchbaren Campingplätze erhält; dann muss man aber evtl. sehr früh da sein oder einfach Glück haben. Oder man bleibt auf einem Campingplatz außerhalb, das ist zwar ein wenig teurer und ein wenig mehr zu fahren, aber auch nicht weiter tragisch. Eine weitere Möglichkeit ist bis zu den australischen Winterferien im Juli zu warten, da dann angeblich alle Campingplätze ruckzuck überfüllt sind (sowohl im Park als auch die davor) und dann die kostenlosen (?) Zusatzplätze freigegeben werden (overflow camping).

Momentan ist noch nirgendwo in Australien Ferienzeit, da sind wir mal gespannt, wie es in wenigen Wochen sein wird. Auf den Campingplätzen sind hauptsächlich Rentner (grey nomads), die dem kalten Winter im Süden entfliehen. In Coral Bay und im Cape Range Nationalpark führt das dazu, dass die Campingplätze zwar ausgebucht, die Strände aber verhältnismäßig leer sind. Die Australier, mit denen wir bisher darüber sprachen, waren über diesen Zustand nicht ganz glücklich, da es für Familien dadurch immer schwieriger wird, einen freien (und bezahlbaren) Campingplatz zu finden. Außerdem bleiben die Senioren oft lange und buchen seltener Touren, was der Tourismusindustrie zu schaffen macht.

20. Juni 2012 – Weg von der Küste, auf in die Berge

Die Strecke heute vom Nanutarra Roadhouse (dort haben wir übrigens mit 1,93 AUD den bisher höchsten Benzinpreis auf der Reise bezahlt) bis nach Tom Price war einfach wunderschön. Nach den vielen Strandtagen hat sich das Auge nach Bergen und abwechslungsreicher Landschaft gesehnt und diese auch bekommen. Wir haben mehrfach mitten auf der Straße angehalten, um Fotos zu schießen, da die Hügelketten und die Wolken perfekte Motive abgaben. Jonna war anscheinend auch sehr angetan, da sie die bisher längste Strecke von 440 km ohne Murren überstanden hat. Jetzt sitzt Michael bei einem Bier bei Sonnenuntergang vor dem Camper und schreibt diese Zeilen, während Martina Pasta kocht (hier unterscheidet man streng zwischen noodles und pasta). Um uns herum sind lauter Grabgedenksteine (keine Gräber!), da wir uns auf dem R.I.P Lookout befinden: Einem herrlichen Aussichtpunkt, der den Gedenksteinen schnell das Bizarre nimmt. Wenn man so will, ist dies uns erster wirklich inoffizieller Platz, wo wir über Nacht bleiben. Dies sind genau die Plätze, die das Campen in Australien aber ausmachen und die dem ganzen Reisen etwas Spannendes und Entdeckerisches verleihen. Leider waren solche Plätze aber an der Westküste bisher fast nicht zu finden bzw. es war schlichtweg verboten, dort zu campen. Wir haben daher einige hundert Dollar mehr ausgegeben als geplant, um auf offiziellen Campingplätzen zu nächtigen.

Kurz vorher waren wir in Tom Price einkaufen und haben im Visitor Center für morgen eine Minentour in einer Eisenerzmine gebucht. Michael freut sich schon die riesigen LKWs zu Gesicht zu bekommen, die in der Mine im Einsatz sind.

Gestern haben wir den Vormittag im Cape Range NP verbracht und hatten noch einmal das Glück, mit einer Schildkröte zu schnorcheln. Danach haben wir erst einmal Abschied genommen von der doch sehr touristischen Westküste, haben die nächste Übernachtungsmöglichkeit, die Giralia Station, links liegen lassen und sind zur kostenlosen und riesengroßen 24h-Rest Area Barradale gefahren, um dort ungestört die Nacht zu verbringen.

21. Juni 2012 – Bergbau in Tom Price

Nach einer etwas stürmischen Nacht und einem tollen Sonnenaufgang ging es heute zur Führung durch die riesige Eisenerzmine hier. Wir wurden am Visitor Center abgeholt und aufs Gelände von Rio Tinto, einem der größten Bergbaukonzerne, gebracht. Im Tagebau werden dort Unmengen an Eisenerz abgebaut, mit dem Zug an die Küste gebracht und von dort in alle Welt verschifft. Rio Tinto hat in Tom Price etwa 900 Angestellte (mit einem Jahresgehalt von durchschnittlich etwa 120.000 AUD/Jahr) und der Mine verdankt der gesamte Ort überhaupt seine Existenz. Und so wird hier gleich neben dem Nationalpark nach und nach ein Berg nach dem anderen abgetragen, aber selbstverständlich mit so geringen Eingriffen in die Natur wie möglich...

Wir waren auf der 1,5h-Tour beindruckt von der Größe der Lastwagen (wow, da kostet jeder Lastwagen 1,5 Millionen Dollar!), Förderbänder und natürlich der Größe des Kraters, aus dem das eisenerzhaltige Gestein gefördert wird.

Im Karijini Nationalpark haben wir einen schönen Platz auf dem Campingplatz bekommen, wieder nette Nachbarn nebenan und vielleicht bietet sich noch die Möglichkeit, weiter hinein in den Park zu kommen; leider bräuchte man hier im Nationalpark wirklich ein Allradfahrzeug, um zu allen Sehenswürdigkeiten zu kommen und da die Straße weiter in den Park in einem wirklich desolaten Zustand ist (selbst die Allradfahrer fluchen schon über den Zustand im Moment), müssen wir darauf hoffen, dass sie in den nächsten Tagen mal wieder geebnet wird, sonst wird das nix mit unserem Campervan.

22. Juni 2012 – Karijini National Park

Endlich konnte Michael seinen einzigen Pullover und seine Batman-Mütze mal gebrauchen. Endlich konnte Martina sämtliche Jacken übereinander anziehen. Endlich kam unsere Thermoskanne tagsüber für eine heiße Tasse Tee zum Einsatz. Es war einfach schweinekalt und dazu noch windig. Aber immerhin war es auch sonnig und gegen Nachmittag mussten wir nicht mehr frieren. Eigentlich hatten wir mit so kalten Nächten nicht mehr gerechnet, aber das alte Lied „normalerweise ist es hier nicht so" kennen wir ja mittlerweile. Wir sind daher nur schleppend aus dem Van gekommen und sind dann vormittags in die Dales Gorge gewandert. Dort befinden sich bei den Fortescue Falls nette Pools, die wir bei heißem Wetter gerne genutzt hätten.

Nachmittags wollten wir tiefer in den Park hinein, da die rote Piste gerade geplättet wird und daher auch für unseren Van kein Problem darstellen sollte. Nach 10 km war es aber vorbei mit schöner Fahrbahn und das große Geholper fing an. Das wollten wir uns und unserem Auto nicht antun, zumal der rote Staub sich über unsere Atemwege legte. Wir kehrten daher wieder um und konnten beim Visitor Center eine heiße Dusche nehmen (diese war gestern wohl noch eiskalt, wurde dann aber heute repariert). Abends gab es wieder Barbecue auf den kostenlosen Gas-BBQs mit gegrillten Süßkartoffeln, Kürbissen, Maiskolben, Chicken-Sticks und 2 Käseknackern.

24. Juni 2012 – Rekorde für die Ewigkeit

Reisen ist doch immer auch ein bisschen wie ein Wettkampf: Haben wir das günstigste Internetcafé gefunden? Haben wir den besten Campingplatz ergattert? Haben wir die meisten Tiere gesehen?

Unsere persönlichen Rekorde haben wir jedenfalls bezüglich Einschlafzeit und Aufstehzeit aufgestellt. Man mag es kaum glauben, aber gestern ging bei uns um 19:45 Uhr das Licht aus. Im Wissen, dass uns wieder eine kalte Nacht bevorsteht, hatten wir das Abendessen vorgezogen, damit wir bei Einbruch der Nacht nicht noch unnötig die Schiebetür auf und zu machen müssen. Darüber hinaus ist uns das frühe Schlafengehen nicht sonderlich schwer gefallen, da wir einen recht sportlichen Tag hinter uns hatten. Vormittags sind wir nochmals in die Dales Gorge und dieses Mal unten durch die Gorge gewandert. Es ging über wacklige Steine, durch enge Felsspalten und einmal sogar beim Aufstieg über eine senkrechte Treppe im Fels. Mit Jonna vor dem Bauch (bei Michael) war das eine zusätzliche Herausforderung. Immer wieder wurden wir von anderen Wanderern bewundert, dass wir das mit einem Baby machen. Es war aber niemals wirklich gefährlich, man musste halt nur aufpassen, wo man seinen Fuß hinsetzt.

Den zweiten Rekord haben wir dann heute Morgen aufgestellt: Um 5:30 Uhr sind wir aufgestanden und um 6.30 Uhr haben wir noch vor Sonnenaufgang das Camp verlassen. Schon nach einer Stunde haben wir die Albert Tognolini Rest Area angefahren, um zu frühstücken. Von hier aus hat man einen super Blick in eine angrenzende Schlucht und auf die umliegenden Berge. Da man an der Rest Area auch wunderbar campen kann (nur Toiletten fehlen) sollte sie eigentlich bei jeder Westaustralienreise ganz oben bei den Übernachtungsplätzen stehen. Wir wollten aber nicht noch einen weiteren Rekord aufstellen (früheste Ankunftszeit am Tagesziel) und sind daher weiter gefahren. Die Landschaft war noch eine Zeit lang recht abwechslungsreich und erst ab dem Auski Roadhouse wurde es dann eintönig. Da die Strecke von hunderten Road Trains befahren wurde, hat das Fahren keinen großen Spaß gemacht.

Wir haben uns nach reichlicher Überlegung entschieden, einen Abstecher nach Westen zu unternehmen und sind nun in Point Samson angelangt. Hier haben wir den letzten freien Campingplatz im Ort ergattert. Mit dem Fernglas kann man von unserem Platz aus die riesigen Frachter bestaunen, auf die das Eisenerz verladen wird, welches mit dem Zug aus dem Landesinneren (zum Beispiel aus Tom Price) angeliefert wird. Das Örtchen Samson Point wäre eigentlich ein verschlafener Geheimtipp, auf Grund des Mining-Booms ist aber auch hier alles überteuert und ausgebucht.

Da wir hier nun auch wieder Internet haben, konnten wir gerade mit Freude lesen, dass Deutschland im Halbfinale steht!

26. Juni 2012 – Aus dem Industriegebiet an den 80-Mile-Beach

Heute sind wir im Cape Keraudren National Reserve an- und untergekommen. Unser Stellplatz liegt etwas erhöht direkt am Meer. Die schlechte Zufahrtsstraße hätte uns fast umkehren lassen, doch wir haben durchgehalten und werden jetzt mit einem wunderschönen Sonnenuntergang belohnt. Über diesen Park hatten wir im Vorfeld kaum Informationen bekommen können: Er gehört nicht zu den Nationalparks WAs; daher fallen 10 Dollar extra an, wenn man in das Reservat einfährt. Das Campen ist mit 6,50 Dollar pro Person sehr billig. Man hat die Auswahl zwischen drei Campingplätzen und darf sich innerhalb dieser hinstellen, wo man will (Strom gibt's natürlich keinen, dafür Toiletten). Der Tidenhub ist mit 8 bis 10 Meter ziemlich groß, was bedeutet, dass das Meer morgen früh verschwunden sein müsste und man toll Muscheln sammeln kann. Unsere Nachbarn haben uns bereits einige ihrer Fundstücke gezeigt; solch ausgefallene Muscheln haben wir bisher noch nirgendwo gesehen. Diese Nachbarn haben uns außerdem verschiedene free camps empfohlen und uns von einem 23-jährigen Belgier erzählt, den sie auf ihrer Reise von Darwin hier herunter mehrmals getroffen haben. Er ist die Strecke bis Broome mit dem Fahrrad gefahren, unter anderem die Gibb River Road, eine richtige Outbackpiste, die wir mit unserem Camper leider nicht nehmen können. Das Ehepaar hat den jungen Kerl mehrmals verpflegt und letztlich sogar in Broome an den Flughafen gefahren und ihm eine kostenlose Unterkunft bei Freunden in Perth vermittelt. Solch eine herzliche Betreuung ist sicher auch in Australien nicht alltäglich, allerdings verbringen viele Rentner den Winter im warmen Norden oder manchmal sogar ihren kompletten Lebensabend und haben dann überschüssige Liebe zu vergeben, da sie die eigenen Enkel und Kinder nicht mehr oft zu sehen bekommen.

Auf dem Weg hierher sind wir gestern durch Cossack gefahren, einer verlassenen Stadt, die hier als Attraktion gilt, uns aber eher weniger beeindruckt hat. Der Aussichtspunkt dort ist aber sehr schön. In Karratha haben wir uns im großen Einkaufszentrum mit Lebensmitteln eingedeckt und sind dann nach Dampier weiter gefahren. Die Strecke Karratha Dampier wird momentan 4-spurig ausgebaut, überall wimmelt es vom Baufahrzeugen und den weiß-hellgelben Fahrzeugen der Miners. Im North West Shelf Visitor Center haben wir uns über die Gasförderung schlau gemacht. Irgendwie hatten wir uns aber mehr erhofft, da mehrere Ölmultis zu den Sponsoren gehören. Da bietet die BASF in ihrem Mitmachlabor in Ludwigshafen deutlich mehr. Zum Abschluss haben wir einen kurzen Abstecher zu den Petroglyphen gemacht, uralten Felsgravuren der Aboriginals.

Nachdem alle touristisch interessanten Stellen abgeklappert waren, wollten wir wieder aus diesem riesigen Industriegebiet heraus. Die Übernachtung auf einem Campingplatz wäre zu teuer (etwa 50 AUD/Nacht) oder schlicht nicht möglich gewesen (ein Campingplatz hatte zum Beispiel nur 2 Plätze für Touristen vorgesehen, alle anderen waren an dauercampende Arbeiter vergeben). Für 3-Zimmer-Häuser werden hier absurde 1300 Dollar pro Woche(!) Miete verlangt. Wir fuhren also wieder auf den Highway nach Port Hedland und stellten uns, sichtgeschützt durch ein paar Bäume, einfach 100 Meter in einen abzweigenden Feldweg hinein (westlich Nickol River Bridge). Dieser Platz ist noch in keinem Campingführer verzeichnet, eignet sich für 2 Campervans und soll zukünftig als Jonna Rest Area bekannt werden.

28. Juni 2012 – Munro Springs Farm: endlich ein echter Farmstay mit Kühen!

Heute sind wir nicht besonders weit gefahren und haben schon am Vormittag unser Lager auf der Munro Springs Farm aufgeschlagen. Hier gibt es direkt auf dem Hof 2 Hunde, 3 Pferde und etliche Kühe. Der Stellplatz ist ein Rasenplatz mit Strom und Wasser, 20 m weiter befindet sich ein Swimmingpool; da die Gastgeber Cynthia und Lance sehr nett sind, ist die Atmosphäre insgesamt einfach wunderbar. Nach dem Mittagessen hat uns Lance in seinem Jeep zu einer seiner Kontrollfahrten über die Farm mitgenommen. Er muss täglich große Teile der Farm abfahren, um die Lage bei den 5000 Rindern zu prüfen und vor allen Dingen die Wasserstellen zu kontrollieren; dass es an den Wasserstellen genügend Wasser gibt und die Pumpe funktioniert, ist für das Vieh lebensnotwendig. Mehr als tausend Rinder trinken manchmal täglich allein aus einer Wasserstelle. Für diese Kontrollfahrten hat Lance einen betagten, aber robusten Jeep, der täglich ein paar neue Kratzer im Lack und ab und zu eine neue Macke in der Windschutzscheibe abbekommt (die Äste ragen manchmal in den Weg hinein und es gibt wohl auch wilde Puten); Lance hat uns noch erklärt, dass der Straßenzustand (Sandpisten) für eine Farm ziemlich gut sei und falls er unterwegs dennoch einmal liegen bleiben sollte, werde er ab nächster Woche auch ein Satellitentelefon haben. Bis dahin müsse man auf Rettung von der Farm hoffen, dort weiß man immer, welche Route er gerade abfährt und bis wann er etwa zurück sein sollte.

Tagsüber ist es gerade recht heiß, so dass wir vor und nach der Fahrt den Swimmingpool ausgiebig genutzt haben. Jonna hat die Tiere bestaunt, wollte aber nicht weiter auf Tuchfühlung gehen. Aber sie war insgesamt recht ruhig und friedlich, sodass es kein Problem war, abends mit der dann schlafenden Jonna und den übrigen Gästen gemeinsam ums Feuer zu sitzen.

Die Munro Springs Station wurde uns übrigens von einem Ehepaar empfohlen, die vor gut 4 Wochen die ersten Gäste seit der Wiedereröffnung waren und die wir weiter unten in Coral Bay getroffen hatten. Die Station ist ein echter Geheimtipp und wird wohl auch nur noch ein bis zwei Monate für Reisende geöffnet sein. Dann ziehen die beiden Caretaker weiter und die nächsten, die die Farm übernehmen, werden diese wohl ausschließlich für sich nutzen. Die Farm ist über eine 2 km lange Sandpiste (gut befahrbar mit 2WD) erreichbar und der Abzweig befindet sich 3 km nördlich der Goldwire Rest Area. Da Lance und Cynthia die Reisenden hauptsächlich aufnehmen, um etwas Gesellschaft zu haben, ist die Station mit 4-5 Autos auch schon voll. In unserem Fall war um 11 Uhr morgens der Platz ausgebucht. Am besten ruft man vorher einfach an (08 91924217). Die Übernachtung kostet 10 AUD p.P, es gibt eine Dusche und eine Toilette. Die Stimmung hier ist einfach sehr gut, man sollte diese Oase wirklich nicht verpassen. Wer Pech hat, muss auf die Barn Hill Outstation ausweichen; die soll zwar auch wunderschön sein, aber die Atmosphäre unter 300 Campern ist bestimmt nicht die gleiche. Oder man bleibt einen Tag länger am 80-Mile-Beach Caravan Park. Dort haben wir gestern den Nachmittag verbracht und wie es der Zufall wollte auch wieder die schweizer Familie getroffen. Für Broome haben wir uns erneut verabredet.

Broome

1. Juli 2012 – Halbzeit in Broome

Unsere dritte und letzte Nacht in Broome bricht an – bei angenehmen 15 °C. Die Tagestemperatur lag bei 30 °C und die Wassertemperatur bei 20 °C. Das Highlight war auf jeden Fall der Cable Beach. Dieser ist zwar letztlich auch nur ein schöner großer Sandstrand, wie man ihn an vielen Ecken dieser Welt findet, jedoch kamen wir heute in den Genuss, springende

Delfine zu beobachten und gestern haben wir vom Strand aus zwei Wale sehen können. Dazu noch der Sonnenuntergang, eine nette Promenade und ein kühles Dosenbier. So lässt sich Broome genießen. Zu unseren weiteren Broome-Erlebnissen kann man den Samstagsmarkt beim Courthouse zählen, vor allem deshalb, weil wir mehrere bekannte Gesichter getroffen haben und man sich so beim Austauschen von Erlebnissen fast schon wie ein Einheimischer gefühlt hat. Außerdem haben wir ganz klassisch Cappuccino mit Scones zur Brunchzeit und Fish'n Chips bei Sonnenuntergang genossen.

Unseren Wissensdurst haben wir bei der Willie Creek Pearl Farm Tour gestillt. Dort wurde uns die Perlenzucht detailliert nähergebracht. Die Straße zur Farm ist leider nicht mit 2WD machbar (zumindest nicht mit einem Campervan, da sandig, holprig und schlecht beschildert), daher haben wir uns einer Tour ab Broome angeschlossen (80 AUD mit JuHe-Rabatt). Von der eigentlichen Perlenzucht sieht man leider nichts, da sich diese 20 km weiter draußen auf offener See befindet. Die Tour ist recht informativ, läuft aber unter der Kategorie „muss man nicht gemacht haben". Weitere Ausflüge ins Umland haben wir uns auf Grund der Preise nicht angetan.

Broome ist insgesamt ein nettes Städtchen, mit wahrscheinlich etwa genauso vielen Touristen wie Einwohnern. Die meisten Leute machen hier wohl des angenehmen Klimas wegen (im Winter) Urlaub, richtig Außergewöhnliches hat Broome als Stadt nicht zu bieten. Für eine Küstenstadt mit den wenigen Einwohnern ist es überraschend, wie weitläufig alles ist; das heißt, es gibt zwar Platz, aber zu Fuß kommt man nicht weit, man muss überall hinfahren. Selbst vom Cable Beach Caravanpark aus (480!! Stellplätze) ist es noch ein ganz schöner Fußmarsch bis zum Strand. Normalerweise sind am Wochenende Pferderennen, die wir uns gerne angeschaut hätten, aber ausgerechnet dieses Wochenende finden sie in der Nachbarstadt Derby statt und nicht in Broome. Um wenige Tage verpassen wir das Naturschauspiel staircase to the moon (bei

Ebbe und Vollmond spiegelt sich der Mond in Form einer Treppe auf den Wattflächen) sowie die nur bei besonders niedriger Ebbe sichtbaren echten Dinosaurier-Fußabdrücke(!). Nach drei Tagen Broome wollen wir aber unsere Weiterreise nicht weiter aufschieben, denn soo viel gibt es in Broome nun auch wieder nicht zu sehen und um die staircase to the moon zu sehen, müssten wir noch 3 weitere Nächte hier verbringen. Da packen wir morgen lieber wieder unsere Sachen und machen uns auf die nächste Etappe. Einen Tagesausflug werden wir noch im Wildernesspark kurz nach Broome einlegen; und wenn unsere Wasserpumpe wieder nicht funktioniert, dann gehen wir zuvor noch in die Werkstatt (da waren wir schon am Freitag mit der kaputten Pumpe; da sie den Fehler nicht finden konnten, mussten wir Samstag wieder kommen, doch da funktionierte sie wieder einmal – und etwas Funktionierendes kann eine Werkstatt nun einmal nicht reparieren).

Von Broome nach Darwin

4. Juli 2012 – Pläne werden gemacht, um verworfen zu werden

Als wir am Montag Broome verlassen haben, sah unsere Grobplanung noch so aus: Montagabend auf dem Highway östlich von Broome übernachten, Dienstag in Derby, Mittwoch irgendwo auf der Strecke zwischen Derby und Fitzroy Crossing und dann noch 2 Nächte in Fitzroy Crossing, um am Samstag zum Rodeo in der Stadt zu sein. Jetzt ist Mittwochabend und wir befinden uns bereits 100 km hinter Fitzroy Crossing. Wie kam es dazu?

Der Montag verlief noch wie geplant. Anlässlich von Jonnas Geburtstag sind wir in den Malcolm Douglas Wilderness Park kurz nach Broome gegangen. Die Hauptattraktion dort sind Krokodile, es gibt aber auch ein paar Kängurus, Emus, Dingos und Vögel. Um 13 Uhr fand eine kleine Show statt, bei der man einen Python und ein Babykrokodil auf den Arm nehmen konnte – das konnte sich Michael natürlich nicht entgehen lassen. Da die Krokodilfütterung erst um 15 Uhr stattfinden sollte, haben wir uns einen etwas abgelegenen Platz gesucht und mit Schokokuchen und Kerze Jonnas ersten Geburtstag gefeiert. Die anschließende Fütterung war recht nett gemacht, da man von Gehege zu Gehege gewandert ist und dabei auch immer etwas Wissenswertes zu den jeweiligen Krokodilen erfahren hat. Insgesamt machte der Park allerdings nicht den allerbesten Eindruck – irgendwie fehlte dem Ganzen etwas Pepp und ein neuer Anstrich, den man bei 35 Dollar Eintritt schon erwarten dürfte. Im Anschluss sind wir noch etwa 100 km gefahren und haben die Nacht auf der Nillibubbica Rest Area verbracht.

Am Dienstag ging es weiter nach Derby. Hier hat ja am Wochenende zuvor der Derby Cup (Pferderennen) stattgefunden: da muss die Stadt gebrodelt haben. Bei unserem Besuch war sie einfach nur verschlafen und die zwei Sehenswürdigkeiten Jetty und Prison Boab Tree (ein riesiger Affenbrotbaum mit 14 m Umfang) waren schnell gesehen. Da es für uns sonst nicht viel Interessantes gab und der Caravan Park mit 38 Dollar unverhältnismäßig teuer war, haben wir Derby wieder verlassen. Stattdessen haben wir einen kleinen Abstecher auf die Gibb River Road unternommen. Die ersten 65 km sind noch asphaltiert, daher war das kein allzu großes Wagnis. Die Gibb River Road wird gern als eines der letzten großen Outback-Abenteuer in Westaustralien propagiert. Nach nur 15 km sind wir aber bereits zur Birdwood Downs Station abgebogen, einer Rinderfarm, die ausnahmsweise auch etliche Pferde besitzt. Dort haben wir uns auf dem kleinen Campingplatz der Farm einquartiert und gleich zwei sehr nette deutsche Paare kennengelernt. Den Abend haben wir am Campingtisch unserer Nachbarn verbracht, die gerade mit Jeep und Zelt die Gibb gemeistert hatten. Dabei haben sich dann viele der Vorstellungen über die Gibb River Road relativiert: leider scheinen die

Seniorentouristen auch diese Straße mittlerweile zu überrennen. Alleine ist man da nicht lange und große Strecken sind landschaftlich und fahrerisch nicht sonderlich abwechslungsreich.

Am Mittwochmorgen wollte Martina eigentlich auf Ausritt gehen, die Farm bietet so etwas für 55 Dollar an. Schon wenige Minuten später kam sie enttäuscht zurück: Die übrigen Reiter waren alles kleine Kinder und die Tour sollte an der Hand geführt stattfinden. Für so etwas wollte sie nun wirklich kein Geld ausgeben. Also haben wir uns verabschiedet, uns ins Auto geschwungen und sind abgedüst. Und plötzlich waren wir in Fitzroy Crossing, weil es auf der Straße gut lief und auch sonst nichts Weiteres unternommen werden konnte (die Raststätte vor Fitzroy Crossing, die wir evtl. schon als Tagesziel angesteuert hätten, war auch leider gerade geschlossen). Hauptattraktion hier ist die nahegelegene Geiki Gorge, in der wir verhältnismäßig spät (15 Uhr) angekommen sind. Für die Wanderung entlang der Gorge war es aber perfekt, da die Lichtverhältnisse einfach toll waren. Darüber hinaus waren nicht mehr viele weitere Touristen unterwegs. Auf dem Fluss hätte man alternativ noch für 30 Dollar eine Bootsfahrt machen können, dafür war es aber schon zu spät und außerdem haben wir auch vom Ufer aus alles recht gut sehen können. Um kurz nach 17 Uhr waren wir wieder zurück in Fitzroy und da uns die Atmosphäre dort wegen der vielen herumlungernden Aborigines nicht wirklich gefallen hat, haben wir uns entschlossen, auf das Rodeo zu verzichten (wir hätten noch 2 weitere Nächte bleiben müssen) und noch etwas in die Nacht hinein zu fahren bis zur nächsten Rest Area. Dort sind wir dann auch sicher angekommen und haben uns noch Beef mit Bohnen gemacht. Jonna hat leider beim zu Bett gehen einen riesen Terror gemacht, den schlimmsten der bisherigen Reise. Jetzt schlafen aber alle friedlich... ich auch gleich... gähn...

6. Juli 2012 – Zwei geruhsame Tage ohne viel Fahren

Donnerstag und Freitag sind wir sehr geruhsam angegangen. Zwischen unserem Nachtquartier am Mittwoch (Ngumban Cliff Lookout, sehr windig) und dem am Donnerstag (Mary Pool Rest Area) lagen nur knapp 100 km. Um ein Haar wären wir sogar noch früher am Tagesziel angekommen, der Lawarra Station. Dort sind wir nämlich bereits um halb 10 Uhr morgens durchs Eingangstor gefahren. Auf der gesamten Farm war aber niemand anzutreffen. Wir haben daher zunächst die neuen und gepflegten Toiletten und Duschen bewundert und einen kleinen, ausgeschilderten Spaziergang zum nächsten Fluss unternommen. Unterwegs meinte Martina plötzlich: „äähhhm, siehst du da auch ein Kamel?" In der Tat saß da, neben all den Termitenhügeln, die die Form von Kamelen hatten, ein echtes Kamel. Es gehört wohl zur Farm und später stand neben dem Kamel noch ein Esel. Der weitere Spaziergang führte uns auf einem Sandweg durch typisches Spinifex-Gelände. Der Weg bot zwar nichts Spektakuläres, hat aber wegen der schönen Landschaft trotzdem Spaß gemacht. Zurück auf der Farm sah man nun auch ein paar Angestellte (anscheinend Backpacker), die die Hufeisen der Pferde entfernten. Martina wollte ja immer noch gerne reiten gehen. Mit unserer Frage, ob das hier vielleicht möglich wäre, wurden wir aber alleine gelassen. Wir standen noch kurz blöd in der Gegend herum und haben dann entschieden, dass wir weiterfahren, da es ja noch so früh am Tag war und ohne Reiten auf der Farm nichts weiter unternommen werden konnte. Generell ist die Farm aber durchaus als Übernachtungsmöglichkeit zu empfehlen, da endlich auch mal der Preis mit 10 AUD p.P. angemessen war.

Kurze Zeit später sind wir dann bereits bei der Mary Pool Rest Area angekommen, haben uns einen netten, etwas erhöhten Parkplatz gesucht und den Nachmittag um den Van und den Rastplatz herum verbracht. Der Rastplatz ist riesig und bis zum Abend hatten sich über 70 Fahrzeuge (wohl 150 Camper) ein

Plätzchen gesucht. Die Stimmung auf der gesamten Anlage war sehr entspannt und angenehm. Um 19.08 Uhr wollten wir uns unser persönliches „Staircase on the river" inszenieren. Wir hatten nämlich am Vorabend den fantastischen Mondaufgang mitbekommen – kurz nach Sonnenuntergang erschien ein blutroter Vollmond am Horizont. Leider war aber hier die Mondspiegelung im Fluss nicht sichtbar, da der Mond etwas weiter östlich aufging. Für das echte staircase to the moon hätten wir wohl in Broome bleiben müssen. Wenigstens haben wir jetzt eine Vorstellung davon, wie das Ganze hätte aussehen können.

Am Freitag sind wir wiederum bereits am Vormittag am Tagesziel angelangt: dem Halls Creek Caravan Park (34 AUD powered). Der Platz ist etwas staubig, aber gut geführt und wir haben einen Stellplatz beim Zeltbereich bekommen, so dass Jonna direkt vor der Tür krabbeln konnte. Den Nachmittag haben wir mit Blog schreiben, Wäsche waschen und Einkaufen (leider gibt es nur einen teuren IGA Express Supermarkt in Halls Creek; wir hätten in Broome oder Derby unsere Vorräte etwas besser auffüllen sollen) verbracht. Den Pool wollten wir zwar auch ausgiebig nutzen, da er aber eiskalt war, haben wir es bei einer kurzen Abkühlung belassen. Stattdessen haben wir den BBQ im Poolbereich noch zum Kochen und Abendessen genutzt: Es gab Lammsteak mit Nudeln und Zuckermais. Die Nächte sind momentan übrigens wieder so frisch, dass wir Jonna 2 Schlafsäcke übereinander anziehen und uns morgens über jeden Sonnenstrahl freuen, der den Camper wärmt.

9. Juli 2012 – Dann eben doch gleich weiter nach Kununurra

Wir haben ja bereits in den letzten Tagen gelernt, dass man an Plänen nicht festhalten muss und waren auch weiterhin gewillt, flexibel zu bleiben. Und flexibel waren wir dann am Samstag auch schon wieder. Zunächst sind wir morgens zur China Wall gefahren. Ganz so spektakulär wie die bei Peking ist die Chinesische Mauer bei Halls Creek nicht, aber der kleine Abstecher hat sich durchaus gelohnt. Nach 2,2 km auf der nicht geteerten Duncan Road ging es noch weitere 1,4 km auf einem kleinen, leicht sandigen Weg entlang. Am Ende dieses Weges tauchte dann ein Gebilde auf, das auf den ersten Blick wie aufgetürmte, weiße Säcke aussah. Es stellte sich dann schnell heraus, dass dies aber die Steine der China Wall waren. Von der Mauer selbst konnte man keine ausgewöhnlichen Bilder machen, dafür aber von den Hügeln und Teichen drum herum.

Weiter sah unser ursprünglicher Plan dann so aus, dass wir den neuen, aber teuren Bungle Bungle Caravan Park (Mabel Downs Station) rechts liegen lassen und bis ans Turkey Creek Roadhouse fahren, dort übernachten und am nächsten Tag eine geführte Tour in den Purnunulu Nationalpark (zu den Bungle Bungles) unternehmen. Mit unserem Camper konnten wir die Tour nicht machen, da die Anfahrt nur für 4WD geeignet ist. Die in Frage kommende Tour von eastkimberleytours hatte Martina noch vor unserer Abreise online recherchiert und die Anbieterdaten und Preise notiert. Am Turkey Creek Roadhouse war dann leider der Stand des Anbieters dauerhaft geschlossen, aber es sollte laut Aushang Infos und ein kostenloses Telefon im Roadhouse geben. Im Roadhouse lagen allerdings nur Flyer aus und ein kostenloses Telefon fanden wir nach etwas Suchen vor dem Roadhouse (die Angestellten im Roadhouse wussten nicht, wo es ein Telefon geben sollte); ein Anruf beim Touranbieter endete mit dem Hinterlassen unserer Nummer auf dem AB, aber leider folgte kein Rückruf innerhalb der nächsten 2 Stunden, in denen wir noch Handyempfang hatten. Das war aber auch nicht so schlimm, da wir dem neuesten Flyer aus dem Roadhouse entnommen hatten, dass die Preise seit der letzten Recherche im Mai um etwa 100 AUD Dollar erhöht worden waren (210 AUD im Mai 2012, 315 AUD im Juli 2012)!! Das war uns dann für eine Tagestour in einen Nationalpark doch zu viel, zumal es sicherlich nicht nur Spaß ist, an einem Tag insgesamt min. 6h auf den Wellblechlisten durchgeschüttelt zu werden. Jonna hätten wir vielleicht ohnehin nicht mitnehmen können/wollen, sodass vielleicht nur einer von uns mitgegangen wäre und der andere am trostlosten Roadhouse den Tag hätte verbringen müssen (die Möglichkeiten bezüglich Babymitnahme konnten wir mit dem Touranbieter ja leider nicht abklären).

Eine Alternative zur Tour in den Park ist ein Flug über den Park – der kostet etwa genauso viel (nach den neuen Preisen ist er u. U. sogar billiger) und der auf Rundflüge spezialisierte Anbieter Slingair hatte tatsächlich auch ein besetztes Häuschen am Roadhouse (zumindest nachdem der Pilot von einer der Touren wieder zurück war). Nach kurzem Hin- und Herüberlegen haben wir dann für Dienstag einen Flug über den Lake Argyle und die Bungle Bungles von Kununurra aus gebucht. Damit mussten wir nicht am Roadhouse bleiben und haben nun etwas, was wir alle gemeinsam machen können (Babys dürfen kostenlos mit). In den Zeitplan passt uns das auch prima. Dieses Mal hoffen wir, dass alles nach Plan läuft und wir Dienstag einen schönen Flug haben werden.

Am selben Tag sind wir dann noch bis zu einem tollen Aussichtspunkt kurz nach dem Doon Doon Roadhouse (Empfehlung: statt am Turkey Creek Roadhouse lieber hier tanken, ist viel billiger) weitergefahren. Da es keine „no camping" Schilder gab, haben wir beschlossen, direkt am Aussichtspunkt zu übernachten. Wir waren zwar die einzigen Camper, da der Platz aber so schön lag und auch 1 km von der Hauptstraße entfernt und somit nicht für ‚Vagabunden' einsehbar war, haben wir hier mit gutem Gefühl gecampt.

Die Strecke ab Halls Creek ist übrigens landschaftlich sehr reizvoll und wir haben die Fahrt sehr genossen, auch wenn man von den Bungle Bungles vom Straßenrand nichts sehen kann. Der ganze Kommerz rund um die Bungle Bungles hat uns aber kurzzeitig die gute Laune verdorben, obwohl wir eigentlich von vornherein bereit waren, hier über 500 Dollar zu lassen.

Am nächsten Morgen wurde es schnell warm im Van und wir haben uns auf den Weg nach Wyndham gemacht. Der Abstecher nach Wyndham war wiederum wegen der Fahrt durch hügeliges Gelände lohnenswert, in erster Stelle aber wegen des Aussichtspunkts „Five Rivers Lookout". Solch einen Ausblick kann man sicher nur an wenigen Stellen in Australien genießen. Zusätzlich haben wir noch einen kurzen Stopp an „The Grotto" eingelegt – die Badehose haben wir dann aber doch im Rucksack gelassen, da der Teich mit einem ekligöligen Film bedeckt war. Am frühen Nachmittag kamen wir schließlich in Kununurra an.

Zu Kununurra kann man sagen, dass es hier – insbesondere im Vergleich zu den letzten Städtchen auf dem Weg – sehr schön ist. Hier gibt es den Mirima Nationalpark mit den Mini-Bungle-Bungles, einige weitere touristische Angebote, den Ord River, ordentliche Einkaufsmöglichkeiten, viele Grünflächen und die Stadt macht einfach einen gepflegten Eindruck. Die Nacht haben wir auf dem Hidden Valley Caravan Park verbracht, der mit seinen vielen Palmen und dem großen Pool einen ebenso guten Eindruck auf uns machte.

Am Montag sind wir früh morgens um 5.30 Uhr aufgebrochen und haben vom Caravan Park aus einen zweistündigen Spaziergang zu den Mini-Bungle-Bungles unternommen. Der Name kommt daher, dass dort mehr oder weniger die gleichen bienenkorbähnlichen Sandsteindome wie beim großen Bruder vorkommen, nur viel weniger davon. Anschließend haben wir uns wieder in unseren Van gesetzt und haben eine Rundfahrt in das Umland von Kununurra unternommen. Erster Halt war eine Fabrik, die Sandelholz verarbeitet. Eigentlich war es nur ein Verkaufsraum mit Werbevideo, aber ganz nett gemacht. Zweiter Halt war eine lokale Rum-Distillery, wo wir für 5 Dollar zusammen drei kleine Probier-Rumgläschen geleert haben. Die Fahrtüchtigkeit hat diese kleine Menge nicht eingeschränkt und weiter ging es zur Ivanhoe Crossing, einer imposanten Flussüberquerung. Normalerweise kann man hier

4WD-Fans beobachten, wie sie den Fluss meistern. Allerdings war die Überquerung gerade verboten, da die Strömung wohl zu stark war. Der dritte kurze Halt hat uns zu einem Verkaufsraum von Zebrastein (gestreiftes Gestein) geführt, der nur hier in den Kimberleys gefunden wird. Danach haben wir zur Stärkung eine Rast am Ord River eingelegt. Der letzte Stopp war wiederum ein Verkaufsraum für Zebra- und sonstiges Gestein. Das besondere für uns war aber, dass wir am angrenzenden Ord River unser erstes Süßwasser-Krokodil (normalerweise ungefährlich) in freier Natur gesehen haben!

Übernachtet haben wir schließlich 12 km außerhalb auf einem kostenlosen Campingplatz, da die Campingplätze in der Stadt selbst recht voll sind und wir es von dort morgen früh nicht weit zum Flughafen haben.

10. Juli 2012 – Der beste Swimming Pool unseres Lebens

Zum ersten Mal hat das Foto in einem Prospekt nicht zu viel versprochen. Der Swimming Pool des Lake Argyle Tourist Resorts (www.lakeargyle.com) liegt leicht erhöht vor einer traumhaften Kulisse. Alleine schon wegen dieses Pools lohnt es sich, an den größten Stausee Australiens zu fahren. Unser Reiseführer wusste davon nichts, doch wir haben glücklicherweise Augen und Ohren offen gehalten und uns insgeheim schon lange hierauf gefreut. Zudem ist auch das Wetter traumhaft und wir können/müssen so langsam auf unsere Bettdecken nachts verzichten. Nach ausgiebigem Planschen hat Michael einen Sonnenuntergangs-Lauf unternommen, um etwas die Gegend zu erkunden. Jetzt sitzen wir zum zweiten Mal in diesem Urlaub abends vor unserem Van, lesen Buch bzw. schreiben Blog und drinnen schläft bei geöffneter Tür das Kind. So muss es sein.

Doch der Tag endet nicht nur schön, er begann auch spektakulär mit dem angekündigten Flug über den Lake Argyle und die Bungle Bungles. Ich denke, dass die Bilder für sich selbst sprechen: das war auf jeden Fall seinen Preis wert! Jonna hat sich wie das perfekte Baby verhalten und die ersten 1,5 Stunden geschlafen. Die letzte halbe Stunde hat sie mit uns gemeinsam gut gelaunt die Welt von oben bestaunt.

12. Juli 2012 – Badeurlaub

Eigentlich ist Australien ja kein Land, um dem Badebedürfnis gerecht zu werden. Die Pools der Caravan Parks sind meist eiskalt und das Meer ist entweder wegen Stingers (hochgiftige Quallen), Krokodilen oder Haien nicht zum Baden geeignet. Ausnahmen werden da dann gerne ausgiebig genutzt, wie wir es zum Beispiel in Coral Bay gemacht hatten. Genauso schön ist es nun hier im Lake Argyle Tourist Resort. Der bereits von uns gelobte Infinity Pool ist zwar auch ein paar Grad zu kalt, da die Sonne aber mittlerweile bereits um halb 8 Uhr morgens vom Himmel brennt, kommt die Abkühlung wie gerufen. Wegen der optimalen Rahmenbedingungen haben wir unseren Aufenthalt hier auf 3 Nächte ausgedehnt. Der Campingplatz ist nämlich auch der bisher sauberste und wir können Jonna bedenkenlos krabbeln lassen.

An einem der Tage haben wir die empfehlenswerte Sunset-Katamaranfahrt mit Triple J Tours gemacht. Es ging weit hinaus auf den riesigen Lake Argyle (40 km breit, 55 km lang) und wir haben zahlreiche Süßwasserkrokodile am Ufer liegen sehen. Nach der letzten Zählung leben im See etwa 35.000 Krokodile. Und jetzt kommt es: Michael ist im See geschwommen! Zum Sonnenuntergang haben das mehrere Personen der Bootstour gemacht, weil der Bootsführer glaubhaft versichert hat, dass es im See nur ungefährliche Süßwasserkrokodile gibt. Im Nachhinein haben wir aber erfahren, dass dazu die Meinungen auseinander gehen.

14. Juli 2012 – Im Northern Territory

Gestern Vormittag haben wir die Grenze zum Northern Territory überquert. Gleich nach dem Grenzschild hing eine tote, schwarze Katze: ein schöner Willkommensgruß... Das Thermometer kletterte im Laufe des Tages auf 35 °C und daher kam zu ersten Mal die Klimaanlage zum Einsatz. Kurz vor Timber Creek haben wir ein paar Aussichtspunkte angefahren, ein riesiges Salzwasserkrokodil von einer Brücke aus beobachtet und einen Abstecher zu einem weiteren großen Affenbrotbaum gemacht. Das Besondere an diesem Baum ist, dass der Entdecker Augustus Gregory im Jahr 1856 das Datum seiner Ankunft in den damals noch jungen Baum ritzte. Heute kann man noch immer das Datum in großen Lettern bestaunen. Trotz der Hitze haben wir dann in den Abendstunden eine einstündige Wanderung unternommen. Es war nur ein schmaler, steiniger Felsenweg und überall raschelte es. Man sah aber keine Tiere bis plötzlich Martina zurückschreckte: „Da, eine Schlange!" Vor uns schlängelte sich eine grüngelbe, ca. 1,5 m lange Schlange. Ab diesem Zeitpunkt war die restliche Wanderung ganz schön nervenaufreibend. Wir haben aber glücklicherweise keine weiteren Schlangen gesehen, nur noch eine große Spinne, die gerade eine Hummel davonschleppte.

Unser Nachtquartier haben wir am Victoria River Roadhouse aufgeschlagen und dort wieder die Deutschen von der Birdwood Downs Station getroffen. Die Schweizer Familie war hier ausnahmsweise nicht zu finden, mit denen hatten wir dafür die letzten Tage am Lake Argyle verbracht.

Heute ging es dann weiter nach Katherine. Der Weg war recht langweilig, doch schon um halb 11 kamen wir an unserem Zielort an. An der Low Level Bridge durfte Jonna kurz im Sand spielen bevor es dann weiter ins Tourist Info Center und in den klimatisierten McDonalds ging. Im McDonalds wollte wir etwas essen und ein wenig im Internet recherchieren – das Internet dort war aber so langsam, dass wir irgendwann wieder auf unseren eigenen Stick umgestiegen sind. Viel Zeit haben wir dann in den Katherine Hot Springs verbracht, wo endlich auch mal wieder die Kleine ins Wasser durfte. Übernachten wollten wir heute bei Annie, einer früheren Kommilitonin von Martina, die nach Australien ausgewandert ist. Da Annie aber erst um 9 Uhr abends zu Hause sein konnte, mussten wir noch ein paar Stunden bei Dunkelheit überbrücken. Die perfekte Location haben wir mit dem Godinymayin Yijard River Arts and Cultural Center gefunden, das heute seine Eröffnung feierte. Neben einer Feuershow konnten wir so den Abend bei einem Soulkonzert ausklingen lassen.

19. Juli 2012 – Rund um Katherine

Den Sonntagmorgen haben wir erst einmal mit einem gemütlichen Frühstück im Coffee Club in Katherine begonnen. Von hier drinnen sah selbst die Hauptstraße nett aus; überhaupt ist unser Eindruck von Katherine viel besser als beim letzten Mal. Das liegt zum einen daran, dass auch hier die Alkohol-Richtlinien weiter verschärft wurden, zum anderen aber auch sicher daran, dass eine Stadt zusammen mit einem Einheimischen (Annie) immer interessanter ist, als wenn man sie ganz alleine erkunden muss. Für uns Europäer, die solche Alkoholrestriktionen nicht kennen, sind manche Regeln schon ziemlich absurd. Alkohol ist in Australien generell nur in eigenen liquor stores zu bekommen, daran gewöhnt man sich schnell. Was die Einschränkungen beim Kauf angeht, gibt es viele verschiedene Varianten. So machen vielerorts die liquor stores erst um 14 Uhr auf und harte Alkoholika sind nur für wenige Stunden am Tag käuflich zu erwerben. In Kununurra gab es außerdem ein Limit von 2 Flaschen Wein pro Person und Tag. Unsere Schweizer Bekannten wollten 4 Flaschen Wein kaufen; dazu mussten beide in den Shop und getrennt voneinander bezahlen. In Halls Creek gab es außer Light-Beer überhaupt keinen Alkohol. In Katherine muss man bei jedem Kauf seinen Ausweis zeigen, der dann gegen eine banned-drinker Liste geprüft wird. Wenn das Licht grün leuchtet, darf man kaufen, wenn es rot ist, dann nicht. Wir haben uns sagen lassen, dass diese Regeln leider hauptsächlich wegen einiger Aboriginals notwendig sind, da diese ansonsten ihren Tag saufend verbringen, insbesondere wenn gerade Zahltag war. Als Tourist bekommt man leider meist nur diese Seite der australischen Ureinwohner mit. Wie wir mittlerweile erfahren haben, gibt es aber auch eine Vielzahl von Aboriginal-Communities, wo das Zusammenleben bestens funktioniert – dort ist Alkohol aber oft generell verboten.

Nach dem Frühstück haben wir uns kurz das Messe-Gelände angeschaut, wo bereits das Aufbauen für das größte Event des Jahres begonnen hat: die Katherine-Show. Ohne Annie sind wir dann 30 km hinaus zur Katherine Gorge gefahren. Die 2-stündige Bootsfahrt (73 Dollar, gegenüber 41 Dollar im Jahr 2005) haben wir dieses Mal nicht wieder gemacht, sondern sind stattdessen einen Rundweg marschiert, der von oben einen Blick in die Schlucht ermöglichte. Zurück in Katherine haben wir den Nachmittag bei Annie zu Hause verbracht, die in der Zwischenzeit bereits drei Mal mit der Feuerwehr ausrücken musste. Sie ist nämlich bei der freiwilligen Feuerwehr engagiert und hilft bei Unfällen, Buschbränden und normalen Bränden mit.

Am Montag sind wir vormittags zur School of the Air. Von hier aus werden die Schüler auf entlegenen Farmen über Radio und mittlerweile verstärkt übers Internet unterrichtet. Leider sind im Moment Schulferien, so dass wir den Unterricht nicht live mitverfolgen konnten, aber mit einer Präsentation und einem Video konnten wir uns ein Bild machen und Fragen stellen. Faszinierend war für uns, dass man von staatlicher Seite unterstützt einen eigenen Satelliten zu solchen Zwecken bekommt, der dann selbst im entferntesten Outback beste Internetverbindungen garantiert. So etwas hätte der McDonald's in Katherine auch mal beantragen sollen! Anschließend haben wir uns von Annie die Räumlichkeiten der Katherine Times zeigen lassen, da sie dort Chef-Redakteurin ist.

Danach haben wir Katherine erst einmal wieder den Rücken gekehrt und sind weiter zu den Bitter Springs nach Mataranka gefahren. Im Gegensatz zur letzten Reise fanden wir die warmen Quellen diesmal nicht eklig und haben uns in den Bach getraut. Das Wasser war schön klar und nur wenige Algen haben den Badespaß getrübt. Allerdings roch es auch dieses

Mal etwas modrig und nachdem jeder einmal im Bach war sind wir wieder weitergefahren. Für Jonna war das Ganze nicht wirklich geeignet, da das Wasser zu tief war und den Bitter Springs doch immer ein gewisser Ekelfaktor anhaftet. Viel schöner sind da die Thermal Pools beim Mataranka Homestead im Elsey Nationalpark. Uns hat es letztes Mal so gut gefallen, dass wir unbedingt noch einmal wiederkommen wollten und dieses Mal auch direkt bei den Pools campen wollten. Die Erwartungen bezüglich des Thermalbads wurden fast voll erfüllt (ein kleines bisschen zu kalt), die Erwartungen zum Campingplatz allerdings nicht ganz. Die sanitären Anlagen gehören mal wieder erneuert und der Platz hätte mehr Grünflächen nötig. Was aber super war: An diesem Abend fand ein Konzert statt und wir konnten direkt vom Campervan aus der wirklich guten Band zuhören.

Am Dienstag sind wir dann noch etwas weiter in den Elsey National Park hineingefahren und haben eine 8 km lange Wanderung zu den Mataranka Falls unternommen. Die Wasserfälle sind zwar extrem unspektakulär, der Weg selbst ist aber schön flach und geht entlang eines krokodilfreien Flusses. Empfehlenswert ist auch der Jalmurark Campground (6,60 AUD p.P. mit Duschen) im Elsey NP. Wir brauchten aber unbedingt Strom und sind deshalb zum Territory Manor gefahren; zum Campen ein wirklich netter Platz mit Swimming Pool und allem was man braucht.

Mittwochmorgen sind wir dann zum „barramundi feeding" direkt am Campingplatz gegangen. Wiederum kannten wir das schon vom letzten Urlaub. Damals hatte ich mir notiert: „Die Fische sind zwar sehr faul, aber ein Barramundi ist nach oben gesprungen und ich habe das perfekte Bild geschossen." Dieses Mal konnten wir leider nicht einmal ein gutes Bild machen, das Ganze war eine recht langweilige Angelegenheit (naja, das Wasser geriet etwas in Bewegung, wenn sich ein Barramundi ein Stückchen Fisch schnappte, aber das war es auch schon). Nur für die paar Kinder, die auch mal füttern durften, war es wohl eine nette Sache. Gut, dass wir dieses Mal nicht extra für die Fütterung hunderte Kilometer weit gefahren waren, sondern schon vor Ort waren. Den Nachmittag haben wir 160 km weiter nördlich an den Edith Falls verbracht. Der See unterhalb des Wasserfalls eignet sich super zum Baden und Relaxen. Direkt nebenan ist auch ein Nationalpark-Campingplatz mit Duschen (9 AUD p.P.), an dem wir auch geblieben sind. Abends hat Michael noch zufällig einen Kommilitonen aus Mannheimer Zeiten getroffen, der gerade auch durch Australien reist. Nach einer sehr anstrengenden Nacht (ihr dürft drei Mal raten, wer anstrengend war) haben wir uns mit einiger Verspätung auf die nächste Wanderung begeben: zu den Sweetwater Pools. Der Weg ging nur die ersten 500m steil nach oben und danach auf der Höhe weitere 3,4 km dem Flusslauf entlang zu schön gelegenen natürlichen Becken. Nach einer ausgiebigen Pause haben wir auf dem Rückweg eine weitere Schwimmpause an den Upper Pools eingelegt und zurück am Parkplatz erneut einen Bade- und Relaxstopp an den Edith Falls. Erst am späten Nachmittag haben wir die Rückfahrt nach Katherine in Angriff genommen, um die nächsten zwei Nächte noch einmal bei Annie zu verbringen und die Katherine-Show live zu erleben.

21. Juli 2012 – Katherine Show und Douglas Hotsprings

Der gestrige Tag stand ganz im Zeichen der Katherine Show. Rechtzeitig zur Grand Parade hatten wir uns um kurz nach 12 auf den Weg zum Festgelände gemacht. Wir wussten zwar, dass die Show hier in Katherine DAS Event des Jahres ist, hatten aber beide nicht damit gerechnet, dass man am Eingang Schlange stehen muss. Irgendwie ging die halbe Stunde Wartezeit in der prallen Sonne dann doch recht schnell vorbei und auf die Minute genau sind wir an der Tribüne angelangt, um die einfahrende Parade begrüßen zu können. Die lokalen Vertreter aus Landwirtschaft, Polizei, Feuerwehr und Hühnerzuchtverein hatten ihre Autos auf Hochglanz poliert und präsentierten sich dem Publikum. Im Anschluss fand auf der Rasenarena ein kleines Polomatch und später ein Autorennen statt. Auf dem restlichen Gelände gab es, wie auf jedem Jahrmarkt, alle möglichen Essensstände, Fahrgeschäfte und Verkaufsbuden. Im Rahmen der Show wurden zudem verschiedene Dinge prämiert: Gemälde, Fotos, Gemüse, Tiere, etc. Für uns war mit am interessantesten den größten Kürbis, die hübscheste Kuh, den größten Gockel, den kreativsten Gemüsekorb oder das schönste Tierfoto zu bestaunen. Um die Zeit bis zum Rodeo zu überbrücken, haben wir noch einmal die Katherine Hotsprings besucht und uns erfrischt. Zurück auf dem Festgelände haben wir bis in die Abendstunden den Cowboys und angehenden Cowboys bei ihren Ritten auf Kalb, Pferd und Stier zugeschaut. Das ganze Rodeo ist eine große Show mit Kommentator und Comedyeinlagen und insgesamt sehr professionell aufgezogen; die Rodeocrew mitsamt Tieren tourt durch das Land und führt in den verschiedenen Städten das Rodeo durch. Insgesamt ist so ein Rodeo zwar ein großes Spektakel, allerdings kein ungefährliches für Mensch und Tier, sodass Verletzungen nicht ausblieben. Außerdem ist es ein staubiges Spektakel, das man sich und dem Baby nur eine begrenzte Zeit zumuten will.

Heute haben wir Annie und Katherine verlassen und sind weiter Richtung Norden gefahren. Kurz nach Hayes Creek geht eine holprige, aber geteerte Scenic Route nach Adelaide River ab. Ein Abstecher hat uns dann zu den Douglas Hotsprings geführt. Die letzten 7 km sind nicht mehr geteert und wer hier mit einem größeren Wohnmobil als einem Campervan unterwegs ist, wird fluchen. Sogar ein kleiner Bach muss auf dem letzten Kilometer überquert werden. Da dieser gerade nicht sonderlich tief war (eher ein Rinnsal), haben wir uns das Durchfahren zugetraut. Die Hotsprings selbst haben ihren Namen wirklich verdient: Mit bis zu 60 °C sprudelt das Wasser aus dem Boden und kühlt sich dann im Flusslauf schnell ab. Man muss seinen Badeort also sorgfältig auswählen, denn direkt an der Quelle verbrennt man sich die Füße, zu weit unten spürt man von dem heißen Wasser nur noch wenig. Wir haben in der Mitte einen ‚Babypool' gefunden, der die perfekte Temperatur hatte und bei dem über einen Zulauf und einen Ablauf die Temperatur auch noch gesteuert werden konnte. So haben wir also unsere Mittagspause planschend verbracht und uns um 15 Uhr auf die Weiterfahrt gemacht. Für 6,60 AUD hätte man hier auch campen können, wir wollten aber die zweite Batterie für Kühlschrank und Licht durch zwei Stunden Fahrt noch etwas auffüllen. Unser Nachtlager haben wir am kostenlosen Robin Falls Campground direkt an einem Bach aufgeschlagen und freuten uns einen schönen Stellplatz gefunden zu haben, der gerade genug Platz für unseren Campervan bot. Auf der Fahrt hierhin sind wir immer wieder durch Rauchwolken gefahren, da mehrere Buschfeuer manchmal bis an den Straßenrand loderten.

23. Juli 2012 – Mt. Bundy Station

Nach dem Aufstehen (erst gegen 9Uhr, da Jonna gerade zahnt und die Nacht etwas anstrengend war, Fieber inkl.) bei den Robin Falls bemerkten wir zunächst einmal, dass die Buschfeuer in der Umgebung noch immer nicht nachgelassen hatten: In der Luft lag Brandgeruch und es regnete ein wenig Asche. Dennoch waren die Feuer noch weit genug weg, dass wir den kurzen Fußweg zu den Robin Falls in Angriff nahmen. Der Wasserfall ist auf alle Fälle sehenswert und der Weg dorthin war durch den felsigen Weg anstrengend genug, um uns für den Tag in Schwung zu bringen.

Inzwischen war schon später Vormittag und wir machten uns auf den Weg zur Mt. Bundy Station bei Adelaide River (www.mtbundy.com.au), wo wir den restlichen Tag und die kommende Nacht verbringen wollten. Auf dem Weg passierten wir noch weitere Grasfeuer und verbranntes Gebiet – das Feuer muss sich schon seit etlichen Tagen durch das Tal fressen. Die Station gefiel uns auf Anhieb sehr gut und wir nutzten den Tag, um uns ein wenig umzusehen, uns am Pool auszuruhen und Jonna von ihren Zahnschmerzen abzulenken. Später halfen wir noch Campnachbarn mit Computerproblemen, die nur mit einer Systemwiederherstellung zu beheben waren. Im Anschluss hätten wir fast den blutroten Sonnenuntergang verpasst; durch den Rauch der Buschfeuer wird das Sonnenlicht hier gerade regelrecht gedimmt. Bei einem kurzen Spaziergang in der Abenddämmerung haben wir dann die vielen Wallabies immer wieder aufgescheucht und die Farben am Himmel bewundert.

Die Nacht auf der Mt. Bundy Station verlief sowohl außerhalb als auch innerhalb des Vans recht ruhig und da wir noch immer genug Zeit haben und es uns hier so gut gefällt, haben wir den Aufenthalt um eine weitere Nacht verlängert. Auch den nächsten Tag haben wir wieder ruhig angehen lassen, haben Blogbeiträge geschrieben, organisatorische Dinge erledigt (z.B. Campingplatz in Darwin gebucht), versucht Jonna bei Laune zu halten (o weh, die Zähne tun wohl noch immer weh) und uns ab und zu im Pool abgekühlt. Heute hatten wir auch Lust, die Umgebung der Farm weiter zu erkunden und sind einen der ausgewiesenen Wege gegangen.

25. Juli 2012 – Zum Abschied noch etwas tropische Schwüle

Die letzte Woche in Australien ist angebrochen und das Wetter meint es weiterhin gut mit uns. Nun dürfen wir, passend zur Vegetation, auch schwülheiße Tage mit lauen Nächten unter Palmen genießen. Nach unserem Abschied von der Mt. Bundy Station führte uns der Weg in den Litchfield National Park. Um 10 Uhr sollte im hintersten Ende des Parks ein geführter Spaziergang mit einem Ranger stattfinden. So früh wie schon lange nicht mehr sind wir daher aufgebrochen und mit Tank- und Einkaufsstopp tatsächlich Punkt 10 auf dem Parkplatz der Bamboo Tin Mine eingetrudelt. Einige andere Touristen warteten schon: wir waren also nicht zu spät. Leider tauchte auch nach einigem Warten kein Ranger auf und daher haben wir uns die ehemalige Zinnhütte selbst angeschaut und dabei mal wieder Deutsche getroffen – hier im Northern Territory wimmelt es einfach von Deutschen.

Den nächsten Halt haben wir mit einem Spaziergang zu den Buschcampingplätzen am Walker Creek verbunden und anschließend eine recht anspruchsvolle Wanderung zu den Lower and Upper Cascades (kaskadenförmige Wasserfälle) unternommen. Der erste Teil des Wegs war felsig-rutschig, der zweite Teil ging durch offenes, steiniges Gelände bei gefühlten 35 °C Mittagshitze. Wir waren sehr froh, dass Jonna ihre anstrengende Phase inzwischen wohl überstanden hat und auf halbem Weg ruhig eingeschlafen ist. Unseren Campingplatz an den nicht weit entfernten Wangi Falls hatten wir uns schon vormittags gesichert, so dass wir in aller Ruhe den Nachmittag an den Fällen verbringen konnten. Vor dem Abendessen hat Michael noch einen kurzen Spaziergang zu einem Aussichtspunkt gemacht und ist dabei vier Wildschweinen über den Weg gelaufen – irgendwie hätten wir so etwas hier nicht erwartet. Zum Abendessen gab es dann Wildschwein, hehe nein, wir müssen langsam unsere Vorräte reduzieren, daher gab es ein Nudelgericht. Apropos Wildschwein: Vor einiger Zeit wurde in der Gegend der Mt. Bundy Station bei der nächtlichen Wildschweinjagd versehentlich ein kleines, seltenes Rhinozeros erlegt – es war ein paar Jahre vorher einem nahegelegenen privaten Zoo entlaufen…

Am nächsten Morgen haben wir uns gleich wieder auf die nächste Wanderung zu ein paar Wasserfällen gemacht und danach die Tolmer Falls von einer Aussichtsplattform aus angeschaut – bei Sonnenuntergang könnte es hier recht schön sein! Um das Dutzend Wasserfälle voll zu machen, sind wir danach zu den Florence Falls. Mit uns kam ein großer Reisebus von AAT Kings an und dementsprechend voll war es. Das ganze Areal rund um die Fälle und das Buley Wasserloch wurde seit unserem letzten Besuch im Litchfield komplett umgebaut und wir konnten nur wenig wiedererkennen. Auf der einen Seite ist es zwar gut, dass man mit der Zeit geht, moderne Toilettenanlagen errichtet und schöne, beschilderte Wege anlegt. Auf der anderen Seite erinnert uns Litchfield immer mehr an die touristisch bis ins letzte Detail erschlossenen Blue Mountains bei Sydney. Ein Geheimtipp wie vor sieben Jahren ist der Litchfield National Park sicher nicht mehr. Wir haben ihn trotzdem gerne dem noch touristischeren Kakadu National Park vorgezogen und schöne anderthalb Tage verbracht. Eine zweite Nacht wollten wir hier jedoch nicht mehr verbringen und sind daher wieder weiter Richtung Norden bis Berry Springs gefahren, wo sich unter anderem der Northern Territory Wildlife Park befindet. Highlights des Parks sind der Tunnel im Aquarium, in dem Jonna jauchzend hoch und runter gekrabbelt ist, während sich über ihr die Schwertfische, Schildkröten und Rochen tummelten, sowie das Nocturnal House (Nachthaus). Viele nachtaktive Tiere, die man sonst nie zu Gesicht bekommt, kann man hier bestaunen, sobald sich die Augen an die Dunkelheit gewöhnt haben. Die echte Nacht haben wir dann auf dem Tumbling Waters Caravan Park verbracht, der auch zwei nette Highlights bietet, die wir aber mit Jonna nicht mehr nutzen wollten: das Freiluftkino und ein eigenes Krokodilgehege mit 12 Süßwasserkrokodilen.

Darwin

28. Juli 2012 – Darwin

Nach dem Frühstück (übrigens gab und gibt es für Jonna meist Porridge mit einer halben Banane gemischt – schmeckt ganz lecker) sind wir ins Berry Springs Nature Reserve gefahren. So früh am Morgen waren wir dort noch die Einzigen und konnten die Ruhe und die Spiegelungen in den warmen Pools genießen. Da wir aber nicht Schwimmen wollten, sind wir recht bald nach Darwin weitergefahren. Als Übernachtungsplatz hatten wir uns dort den Shady Glenn Caravan Park ausgesucht, direkt neben dem Showgelände. Wir mussten also mit Lärm und viel Trubel rechnen. Da der Park aber nur wenige hundert Meter von unserer Camper-Abgabestation und relativ zentrumsnah liegt, wollten wir das in Kauf nehmen. Nachmittags sind wir dann ins Casuarina Shopping Centre gefahren, dem größten Einkaufszentrum im Northern Territory. Allerdings kannten wir die meisten Shops schon von unserer Reise und daher wurde aus dem Plan, viel Geld für Kleider und Souvenirs auszugeben, erst einmal nichts.

Richtig schön war dann die Weiterfahrt über den Lakeside Drive entlang der Küstenpromenade durch die Stadtteile Rapid Creek und Nightcliff. Im nächsten Stadtteil kamen wir gerade pünktlich zu den Mindil Beach Sunset Markets an – und wir waren schlichtweg begeistert. Eine entspannte Atmosphäre, eine große Auswahl an Leckereien und endlich einmal etwas ausgefallenere Waren und Souvenirs. Eine Band mit Schlagzeug und Didgeridoo sorgte für die passende Musik, und zum Sonnenuntergang begaben sich die Massen dann vor ans Meer. Jonna hat die schöne Kulisse genutzt, um ihre ersten Schritte ohne Unterstützung am Strand zu gehen und sich anschließend von oben bis unten mit dem besonders fest haftenden Sand zu bewerfen. Insgesamt ist dieser Markt absolut empfehlenswert.

Auf dem Rückweg zum Caravan Park hat sich Martina noch beim YHA eine Calling Card für 2 Dollar gekauft, da unser Handyguthaben mittlerweile aufgebraucht ist und wir es nicht nochmal aufladen wollten. Die Karte wurde abends dann gleich an der Telefonzelle beim Campingplatz ausprobiert. Nach einigen Minuten fröhlichen Telefonierens schrie Martina plötzlich auf. Noch bevor ich richtig verstand, was denn los ist, hatte es auch mich erwischt: Ich wurde nass gespritzt. Um 21 Uhr hatte sich der Sprinkler vor der Telefonzelle eingeschalten und zielte direkt in die Telefonzelle rein. Da Martina ihr Telefonat nicht beenden wollte, wurde sie für weitere 10 Minuten besprenkelt und kam am Ende zwar durchnässt aber dank der angenehmen Temperaturen hier trotzdem zufrieden aus der Zelle.

Unser vorletzter Tag mit dem Campervan stand unter dem Motto: Putzen, Packen, Pause machen. Da wir laut Mietbedingungen den Van gereinigt zurückgeben müssen, haben wir also sämtliche Schubladen und Stauräume geleert, umgepackt und gesäubert. Michael hat sich von Nachbarn eine Leiter geliehen und dann von außen in Badehosen den Van gewaschen. Dieses Mal hatten wir uns fest vorgenommen, gewissenhaft aber nicht übertrieben kleinlich zu putzen. Von unserem Vermieter Boomerang wurde das Sauberkeitsniveau nicht genauer definiert, daher haben wir geputzt wie wir es zu Hause auch tun würden und den Van letztlich in einen fast noch saubereren Zustand als angemietet gebracht. Außer einer Swimmingpool-Pause haben wir nur noch einen kurzen Ausflug in den Charles Darwin National Park gemacht. Wir waren überrascht, dass wir dort die Einzigen waren, hatte man doch von hier einen recht ansehnlichen Ausblick auf Darwin. Allerdings bekamen wir schon wenige Minuten später zu spüren, warum wir die Einzigen waren: es gibt hier schlimme winzige Gnitzen (Sandflies), die es besonders auf Beine und Füße abgesehen haben. Martina hat sich leider einige Stiche zugezogen, Michael zwar nicht, er hatte aber ohnehin den ganzen Urlaub über konstant zerstochene Beine. Jetzt können wir das Fenistil-Gel weiter aufbrauchen – wäre ja schade, wenn wir das wieder unverbraucht mit nach Hause genommen hätten.

Heute war dann großer Camper-Abgabe-Tag. Um es vorwegzunehmen: Alles lief wie am Schnürchen. Nach dem Frühstück haben wir unser Gepäck ins Hotel gefahren und sind nur mit Handgepäck zur Abgabestation. Dort trafen wir auf Chris, der gründlich aber sehr freundlich und verständlich die Übergabe durchgeführt hat. Wir haben noch längere Zeit mit ihm gequatscht, bevor wir dann einen Kilometer bis zum Showgelände gelaufen sind. Von dort fuhren kostenlosen Busse zurück in die Stadt und auf der Rückfahrt ins Zentrum bekamen wir den Rückruf vom Hotel, dass wir nun auch ins Zimmer einchecken können. Unser Zimmer im Holiday Inn Darwin liegt im 10.

Stock mit Meeresblick. Das Zimmer ist groß und modern (Martina hat es gleich Wohnung genannt, da man so viel Platz gar nicht mehr gewohnt ist). Da uns das Zimmer nicht sauber genug für Jonna zum Krabbeln war, haben wir es noch einmal saugen lassen (war kein Problem) und sind in der Zwischenzeit zum Shoppen in die Stadt. Darwin hat etliche Souvenirshops, eine kleine, nette Fußgängerzone und ein Partystraße, die Mitchell Street. Bevor es dunkel wurde, ist Martina kurz an den Pool und Michael im Anschluss laufen gegangen, um die Stadt zu erkunden. Nach Einbruch der Dunkelheit haben wir uns noch einmal in die Mitchell Street begeben, die nun einen viel lebendigeren Eindruck machte – leider konnten wir uns mit Jonna nicht ins Nachteben stürzen und haben uns daher nur etwas zum Essen auf die Hand geholt. Den späten Abend haben wir gemütlich bei gekühltem Pfälzer Wein im Hotelzimmer verbracht.

30. Juli 2012 – Bye Bye

Zuerst waren wir uns nicht ganz sicher, wie wir die kommenden zwei Tage in Darwin verbringen sollen, da wir wirklich nur noch in der Innenstadt bleiben wollten und es dort laut Reiseführer dann doch nicht soo viel zu sehen gibt. Dann ging die Zeit aber doch ganz schnell vorbei. Gestern waren wir erst einmal gemütlich frühstücken und danach bei der Fischfütterung am Doctors Gully Point. Das Tolle beim Fischfüttern ist, dass jeder selbst die Fische mit Toastbrot füttern kann (man steht dazu etwa knietief ins Wasser) und die Fische dort so zutraulich sind, dass sie einem wirklich aus der Hand fressen. Leider kennen wir uns zu wenig aus, um auf Deutsch sagen zu können, welche Fischarten genau dort waren, aber auf Englisch wissen wir die Namen noch: Catfish, Mullet, Toadfish, Milkfish. Außer den Fischmassen waren allerdings auch Menschenmassen bei der Fütterung.

Den Abend haben wir dann gemütlich an der Waterfront ausklingen lassen – das ist zwar noch ein ordentlicher Fußweg vom Stadtzentrum aus, aber man wird belohnt mit einem schönen Blick aufs Meer und einer neu angelegten, hübschen Promenade am Meer entlang. Das Waterfront-Viertel ist insgesamt noch relativ neu, großflächig angelegt, und man sieht, dass hier einiges an Geld investiert wurde. Dennoch gibt es vorn am Meer einen größeren Foodcourt (Wharf Precinct), wo man viele Fisch- und Fastfoodgerichte zu günstigen Preisen bekommen kann, hier ist sicherlich für jeden etwas dabei.

Heute haben wir dann relativ spät ausgecheckt, da wir vorher noch einmal gründlich unsere Taschen packen mussten, damit nachher am Flughafen alles passt. Die Mittagszeit haben wir dann wieder in der Innenstadt verbracht, noch die ein oder andere neue Ecke entdeckt und jetzt sitzen wir hier im Park vorm Hotel mit Blick aufs Meer und schreiben diesen Blogartikel. Ab jetzt haben wir dann tatsächlich gar nichts mehr vor und müssen nur in einer Stunde wieder am Hotel sein, wo uns dann der Airport-Shuttlebus abholen wird.

Wenn alles wie geplant klappt, sind wir Dienstag früh zurück in Deutschland und lassen dann wieder von uns hören.

3. August 2012 – Lass mal den Ausländer vorbei

Wir sind wieder zu Hause und eifrig am Wäsche waschen, Einkaufen, Sport machen, Leben genießen. Die beiden Flüge hat Jonna dieses Mal fast noch besser mitgemacht als beim Hinweg. Wenn sie mal nicht geschlafen hat, hat sie auf unserem Schoß gespielt oder einfach nur die anderen Kinder/Fluggäste beobachtet. Der erste Flug von Darwin nach Singapur (4,5 Stunden Flugzeit) war mit Jetstar (Codeshare mit Qantas) und wir haben uns im Vorfeld keinen sonderlich guten Service von diesem Billigflieger erwartet. Wir waren dann allerdings positiv überrascht, dass es bei den Gepäckstücken keinerlei Diskussionen gab und dann auf dem Flug sogar ein kostenloses, warmes Essen inklusive war. Das muss wohl Qantas im Hintergrund veranlasst haben, da normalerweise alle Getränke und Speisen kostenpflichtig sind. Entertainment-Programme und Babybetten gab es jedoch bei Jetstar nicht, was wir aber auf der kurzen Strecke nicht weiter schlimm fanden.

Der Aufenthalt in Singapur ging wie im Flug vorbei und auf dem zweiten Flug konnten wir uns dieses Mal sogar ungestört einen Film anschauen (The Hunger Games, empfehlenswert). Die etwa 12 Stunden Flugzeit haben sich zwar schon etwas hingezogen, aber es war erträglich. Zurück in Frankfurt waren wir wiederum positiv überrascht, wie schnell wir unser Gepäck hatten und dass wir in unter einer halben Stunde den Flughafen verlassen konnten. Wenig überrascht haben uns die deutschen Zollbeamten, die sich um 6 Uhr morgens weder zu einem Lächeln durchringen konnten, noch sonst ein Sterbenswörtchen verlauten ließen. Kurz vor dem Ausgang versperrte uns dann eine Gruppe Chinesen den Weg. Wir versuchten uns gerade an einem der Chinesen durchzuschlängeln, als ich jemanden aus der Gruppe auf Chinesisch zu dem Betroffenen sagen hörte: „Du, lass mal den Ausländer da durch."

Haha! Wie passend! Da ist man mal zwei Monate weg und schon wird man im eigenen Land als Ausländer bezeichnet…